J. Narchie

Petites nouvelles érotiques au sein d'un couple fidèle

J. Narchie

Petites nouvelles érotiques au sein d'un couple fidèle

Éditions Vie

Impressum / Mentions légales

Bibliografische Information der Deutschen Nationalbibliothek: Die Deutsche Nationalbibliothek verzeichnet diese Publikation in der Deutschen Nationalbibliografie; detaillierte bibliografische Daten sind im Internet über http://dnb.d-nb.de abrufbar.
Alle in diesem Buch genannten Marken und Produktnamen unterliegen warenzeichen-, marken- oder patentrechtlichem Schutz bzw. sind Warenzeichen oder eingetragene Warenzeichen der jeweiligen Inhaber. Die Wiedergabe von Marken, Produktnamen, Gebrauchsnamen, Handelsnamen, Warenbezeichnungen u.s.w. in diesem Werk berechtigt auch ohne besondere Kennzeichnung nicht zu der Annahme, dass solche Namen im Sinne der Warenzeichen- und Markenschutzgesetzgebung als frei zu betrachten wären und daher von jedermann benutzt werden dürften.

Information bibliographique publiée par la Deutsche Nationalbibliothek: La Deutsche Nationalbibliothek inscrit cette publication à la Deutsche Nationalbibliografie; des données bibliographiques détaillées sont disponibles sur internet à l'adresse http://dnb.d-nb.de.
Toutes marques et noms de produits mentionnés dans ce livre demeurent sous la protection des marques, des marques déposées et des brevets, et sont des marques ou des marques déposées de leurs détenteurs respectifs. L'utilisation des marques, noms de produits, noms communs, noms commerciaux, descriptions de produits, etc, même sans qu'ils soient mentionnés de façon particulière dans ce livre ne signifie en aucune façon que ces noms peuvent être utilisés sans restriction à l'égard de la législation pour la protection des marques et des marques déposées et pourraient donc être utilisés par quiconque.

Coverbild / Photo de couverture: www.ingimage.com

Verlag / Editeur:
Éditions Vie
ist ein Imprint der / est une marque déposée de
OmniScriptum GmbH & Co. KG
Heinrich-Böcking-Str. 6-8, 66121 Saarbrücken, Deutschland / Allemagne
Email: info@editions-vie.com

Herstellung: siehe letzte Seite /
Impression: voir la dernière page
ISBN: 978-3-639-88077-9

Copyright / Droit d'auteur © 2015 OmniScriptum GmbH & Co. KG
Alle Rechte vorbehalten. / Tous droits réservés. Saarbrücken 2015

INTRODUCTION

Ce petit recueil de nouvelles est une fantaisie destinée à toutes les personnes adultes qui apprécient les situations érotiques à pratiquer, à imaginer ou à fantasmer seul ou mieux, en couple. Ne prônant ni l'échangisme, ni le libertinage, il reconnaît les vertus d'un peu d'exhibitionnisme. Les situations et les mises en scène sont accessibles à toutes et à tous dès lors que l'on souhaite pimenter un peu la sexualité au sein de son couple.

A propos de l'auteur

J.Narchie est la prononciation française de 'gynarchie'
« *Système social et familial donnant la primauté aux femmes* » *source Wiktionnaire.*

Par ce pseudonyme, l'auteur a voulu reconnaître l'omniprésence de la femme dans les désirs de l'homme, non pas pour lui donner la responsabilité de la sexualité dans le couple, mais afin qu'elle y revendique sa place au même titre que son compagnon.

PREFACE

La complicité du couple devrait résider, pour chacun des partenaires, dans le désir de trouver son unité intérieure.

Il faut cependant éviter de dépersonnaliser l'autre sous prétexte d'être unis par la proximité et dans l'intimité car c'est cela qui nous distingue. La fusion peut exister dans l'unité et devrait préférentiellement contribuer à supporter l'évolution des deux personnes composant le couple, par l'effet des jeux de miroir.

Partager ses inspirations fantasmagoriques, ses désirs, sans jugement de l'autre, sans obligation de « passage à l'acte » semble être l'essence même de l'épanouissement sexuel et du maintien du désir.

L'excitation, le désir sexuel, les fantasmes suscités en pensant « pansant » à soi, à l'autre ou… à d'autres, sont autant de terrains de jeux « je » pour parvenir à l'émoi « et moi ?».

C'est la partie de soi, le vestibule qui ouvre sur la grande pièce de son intériorité où se cache un trésor, comme un manuscrit qui détient autant de nouvelles de soi, que l'on peut avoir besoin de lire pour se découvrir !

Nathalie AZARA

Nathalie AZARA est Praticienne en Psychothérapie et Sexothérapie, de courant comportementaliste.

1 – LA PLAGE

Nous partons tôt ce matin à la plage comme toutes les fois où nous y allons. C'est une grande plage de sable blanc totalement perdue et accessible après 2 kilomètres de piste. Bien qu'isolée, cette plage est assez fréquentée mais nous n'y sommes rarement très nombreux et jamais serviette contre serviette !

Nous y partons tôt pour y choisir soigneusement notre place à l'extrémité la plus éloignée de la plage là où se forme l'estuaire par où le lac communique avec la mer. Le sable y est plus fin, l'estuaire est un lieu ludique où le fond monte et descend et se creuse de petits canaux propices à la promenade au soleil. Mais surtout, à l'extrémité de la plage il est toléré de bronzer et de se baigner nu.
Ce n'est pas une plage naturiste, mais grâce à l'évolution des mentalités introduite surtout par les touristes nordiques, la nudité y est couramment admise même si illégale encore aux yeux de la Loi.

Ce matin encore, nous sommes les premiers et notre place favorite au plus loin de l'accès et au plus près de l'estuaire nous attend. Enfin nus au soleil, tous deux, nous flânons sur les bancs de sable à la recherche de coquillages spécifiques, nous nous baignons chacun de notre côté et savourons allongés la douceur de cette matinée d'été avant que le soleil ne soit trop fort. Quelques personnes arrivent régulièrement et se dirigent vers notre place mais là deux écoles se démarquent : certaines, du plus loin qu'elles aperçoivent que nous ne portons pas de maillot font demi-tour et retournent vers les « textiles » ; d'autres s'installent à distance correcte de nous et se mettent nues elles aussi.

La femme seule qui arrive maintenant ne marque aucun temps d'arrêt, elle doit être habituée de cette plage puisque tout naturellement elle se dévêt entièrement, déplie sa serviette et s'allonge au soleil. Elle est un peu proche de nous pour mon goût, en règle générale les naturistes laissent un peu plus d'espace afin de respecter l'intimité des autres. Mais lorsque c'est une femme seule, je pense que la proximité avec un couple est rassurante pour elle. Pour moi, c'est toujours agréable d'avoir une femme nue pas très loin de moi en plus de ma compagne. Sans aucune idée égrillarde, les courbes d'un corps de femme sont toujours plaisantes à avoir dans son champ de vue. La mater ? Sûrement pas ! Mais c'est tellement plus joli dans ce superbe paysage.

Ma compagne revient de sa chasse aux coquillages et s'allonge sur sa serviette occupant mon champ de vision vers l'inconnue. J'aperçois de temps à autre cette femme lorsqu'elle va se baigner. Elle a une petite quarantaine ou cinquantaine, elle est brune et pas mal faite. Pubis soigné, épilé sans excès tout à fait conforme au naturisme bon teint et bien loin des épilations intégrales des libertins naturistes qui exposent en ersatz à leur pilosité disparue des anneaux, piercings et autres accessoires destinés à attirer l'œil sur leur intimité. L'observation de cette femme a dû rassurer ma compagne également puisqu'elle n'émet aucun commentaire ce qui arrive toujours lors de la présence d'exhibitionnistes.

A part cette femme, il n'y a quasiment que nous sur la plage et nous sommes les seuls occupants de cette extrémité de plage ; la matinée n'est pas encore trop avancée et les touristes ne sont pas encore arrivés.

Ma compagne et moi-même nous enduisons régulièrement de crème solaire. C'est un rituel toujours agréable d'étaler sur la peau chaude de l'autre une huile ou une crème qui la rend douce et brillante. Je l'enduis et elle m'enduit toujours la face arrière : les épaules, le dos, les fesses, l'arrière des cuisses. Parfois, nous enduisons entièrement le corps de l'autre plutôt que le laisser le faire lui-même. Ce matin, c'est ce qui se passe. Je l'ai massée et recouverte recto-verso de crème solaire et elle est en train de faire de même pour moi. Elle avait déjà insisté longuement sur mes fesses lorsque j'étais allongé sur le ventre et lorsque je me retourne sur le dos pour qu'elle fasse le côté face, mon sexe s'est un peu déployé. Pas une érection, non, juste une légère augmentation de volume qui normalement tombe rapidement dès que mon membre n'est plus comprimé par mon poids sur la serviette.

Ce qu'il lui passe par la tête ce matin, je le sais bien. Elle connaît mon corps par cœur et a bien vu que celui-ci n'est pas insensible à son massage solaire. Elle marque un temps d'arrêt, se lève et s'installe sur ma serviette en me poussant sur la sienne. Je suis maintenant placé entre ma compagne et la femme qui semble plongée dans sa lecture. Ma compagne reprend son massage à la crème solaire mais ses mains s'approchent dangereusement de mon sexe. Je lui dis à quel point mon trouble va se voir, elle sourit et me demande de fermer les yeux. Je les ferme à-demi et en gardant la tête sur le côté je regarde si la femme nous observe. Elle porte des lunettes de soleil et je ne saurais dire si elle lit ou nous regarde.

Les mains de ma compagne s'enhardissent encore. Elle tourne sur mon pubis, sur ma poitrine, virevoltent à l'intérieur de mes cuisses, ça y est je bande !

Un peu gêné de m'exposer ainsi, mais totalement ravi en fait, je vois ma compagne faire un petit signe de tête à notre voisine. Celle-ci sourit, pose son livre et ôte ses lunettes de soleil. Installée confortablement au spectacle, la femme regarde ma compagne caresser mon membre totalement, impudiquement et fièrement déployé. Je souris à ma compagne, je suis heureux. Toujours les yeux mi-clos je regarde entre mes paupières l'inconnue qui ne manque rien du spectacle. La main de ma compagne court délicatement sur ma verge dressée, alterne les pressions appuyées et les caresses légères. Le gland commence à se dévoiler. D'un lent mouvement elle le libère petit à petit. Le prépuce atteint le frein et soudain, passe le bourrelet à la base du gland l'exposant intégralement à l'air libre. Je trésaille, la sensation toujours libératoire prend en cet endroit, en pleine lumière, sous le soleil et devant les yeux de cette inconnue, une dimension nouvelle. Je suis offert, regardé, prisonnier de mon désir impudique, j'aime !

La femme d'à-côté semble apprécier elle aussi, sûrement pas autant que moi, mais pour ne rien perdre du spectacle elle s'est à demi relevée sur un coude et nous observe. Je la vois nous regarder, je vois ma compagne lui lancer par moments quelques regards afin de s'assurer que son public est attentif. Actrice de mon exhibition, elle nous offre en spectacle. Elle est ma dresseuse et je suis son fauve, elle démontre à cette femme sa maestria et son plaisir à me caresser. Ah ! La fierté d'une femme qui tient un homme à sa merci et se sait souveraine de son désir et de sa jouissance. Elle brandit mon phallus comme une impératrice son sceptre. Mon érection est le symbole de sa puissance. Je ne crois pas qu'elle le fasse pour donner envie à l'autre femme ou pour la rendre jalouse. Elle signifie à cette femme sa solidarité et sa complicité féminine. Ces deux femmes se comprennent au-delà de moi. Je ne suis que la manifestation de leur pouvoir sexuel et elles le partagent à distance.

Mon plaisir monte très vite. Les doigts de ma compagne courent sur toute ma hampe, enserrent mon gland et jouent un jeu glissant en raison de la crème solaire. Je jouis formidablement ! Mon sperme jaillit en un flot épais d'un blanc éclatant sous le soleil d'été. Il se répand sur mon ventre et je le reçois presque frais tant ma peau chauffée au soleil est déjà brûlante. Ma compagne étale mon sperme sur ma peau où il se mélange avec la crème solaire.

La femme d'à côté se lève et va se baigner en nous lançant un grand sourire. J'imagine qu'elle va rafraîchir dans la mer son corps mis en émoi.
Lorsque nous partons peu de temps après cet épisode, en passant devant la femme pour quitter la plage, celle-ci nous sourit et nous lance un « merci » que je n'oublie pas. Je crois même que j'ai rougi en croisant son regard.

En retournant à notre voiture ma compagne me dit :

- J'ai failli te prendre dans ma bouche et te faire une fellation

- Pourquoi tu ne l'a pas fait ? J'aurais bien aimé !
- Parce que sinon elle n'aurait pas pu bien te voir.

2 – EN CHAMBRE D'HÔTES

- Regarde, elle se masturbe.

C'est ma compagne qui vient de se pencher vers moi pour me chuchoter ces mots. Nous sommes tranquillement allongés sur des transats au bord de la piscine de cette chambre d'hôtes en Ardèche. C'est un endroit sublime, un hameau de petites maisons de pierre entièrement rénovées avec piscine, sauna et jacuzzi. Cela fait deux jours ou trois que nous y sommes les rois du monde. Nous alternons baignade dans la vaste piscine chauffée, sauna, bronzage face à la vallée boisée, jacuzzi, ballades et surtout repos. Ce matin c'est samedi et cette femme que ma compagne me montre est arrivée ce matin avec un homme très affairé.

La femme est allongée sur le ventre et lit un livre ou un magazine, je ne sais plus. Elle porte un joli deux pièces blanc et rouge. Elle doit avoir la quarantaine, je ne vois pas son visage juste sa chevelure brune, son corps fuselé et le galbe de ses rondeurs. Maintenant que ma compagne me l'a signalé, je vois d'un autre œil son comportement. Ce que je prenais pour un tic ou de l'énervement, ma compagne m'a fait entrevoir une autre possibilité. Depuis tout à l'heure, cette femme faisait frémir ses jambes d'un geste que je prenais pour nerveux comme lorsqu'on tapote machinalement des doigts sur une table, sans y prêter attention.

D'ailleurs, je n'avais pas trop prêté attention à ce couple. Ils s'étaient installés autour de la piscine sans même un bonjour aux autres résidents. Elle, allongée au soleil, profitant de sa lecture, lui, assis à un salon de jardin dans la zone Wi-Fi près du bar pour travailler sur son portable. En un rien de temps, j'ai analysé ou fantasmé la situation : c'est un couple illégitime, lui chef d'entreprise absorbé par son travail, elle sa maîtresse ou sa secrétaire, ou les deux, emmenée en week-end coquin. Sauf que le week-end coquin devait tarder à venir pour elle car lui travaillait encore et encore. L'énervement et l'impatience qui avaient dû commencer lui faire frémir les cuisses pouvaient s'expliquer par sa frustration ; et puis, les mouvements produisant leur effet, avaient fini par l'exciter sans qu'elle ait conscience d'exposer ainsi l'intimité de ce moment.

Je n'aurais jamais pensé que ces simples mouvements de cuisse pouvaient être en fait un moyen de se donner du plaisir pour une femme ou tout du moins de soulager son désir ; mais je fais confiance à ma compagne et à sa féminité : ces choses lui sont connues.

Je regarde davantage le manège des cuisses de cette femme maintenant. Il me fascine. Pas par voyeurisme, je ne crois pas, mais par curiosité. Voir à son insu une femme se masturber ainsi, si discrètement, est nouveau pour moi. Mon regard court le long de ses mollets, monte vers les cuisses et cherche vers l'entrejambe à déceler une manifestation tangible. Une trace d'humidité ? Le dessin de sa vulve ? La rondeur de ses grandes lèvres se dessinant au travers du maillot… ? Je ne vois rien mais l'idée est là et ne me quitte pas. Je ne me sens pas voyeur puisque cette femme se donne en spectacle inconsciemment devant tous les résidents. Le fait que ce soit ma compagne qui me l'ait fait remarquer, plutôt que je le découvre ou le fantasme moi-même, me déculpabilise de toute notion de voyeurisme.

Mais bon, voyeur ou pas, fantasme ou réalité, l'excitation me gagne et je sens mon maillot de bain me serrer un peu plus à chaque minute…

Avant que mon érection ne devienne gênante, je décide de la cacher. Pas sous la serviette de bain, je suis couché dessus et il me faudrait d'abord me lever avant d'en couvrir la bosse de mon maillot : trop exposé ! Plonger dans la piscine ? Idem, il faut se lever, faire quelques pas et descendre dans l'eau avec une érection visible. Impensable ! Une seule solution : le jacuzzi. Il est idéalement placé derrière nous, à trois ou quatre mètres seulement. En y allant, je tournerai le dos à la piscine et les résidents ne verront rien. Je descends de ma chaise longue. Je ne me lève pas, non, je m'en extrait sur le côté presque accroupi et ne me relève qu'une fois le dos tourné à la piscine. Une pression sur l'interrupteur, l'eau se met en mouvement sous les jets d'air pulsé, la surface se met à bouillonner de bulles blanches faisant fuir la transparence de l'eau. Je descends dans l'eau, m'assoit, soulagé. Ici, dans l'eau au milieu des bulles personne ne peut voir mon émoi.

J'ai choisi une place dans le jacuzzi me faisant tourner le dos à la piscine et à sa résidente impudique. Je suis ici pour me calmer et non pour entretenir mon trouble en voyant ou en imaginant cette femme se faire jouir.

Je ferme les yeux et chasse de mon esprit les images des fesses de cette femme, de ses mouvements de cuisse et de la recherche des signes de son excitation.

J'arrive à faire le vide dans mon esprit, essayant de ne ressentir que les bulles du jacuzzi sur mon corps, la chaleur du soleil sur mon visage et le bruit des pompes pulsant l'eau et les bulles quand ma compagne arrive et me lance « Il y a de la place pour nous ? ».

Je n'y crois pas ! Elle n'est pas seule ! Elle vient dans le jacuzzi avec cette femme que j'arrivais juste à oublier. Ma compagne entre la première, choisit une place juste en face de moi et laisse à la femme la place libre juste à côté de la mienne.

- J'ai pensé que tu pouvais faire quelque chose pour elle. Me dit ma compagne. Je vois la piscine et je vous dis si quelqu'un arrive, mais attention, hein, ne va pas trop loin.

Le regard de la femme va de ma compagne à moi. Celui de ma compagne nous englobe tous deux et le mien hésite entre le visage de cette femme et les yeux rieurs de ma compagne. Dans le regard de cette femme, je vois une demande, presque une supplique mais un peu de gêne aussi. Est-ce la gêne de s'être donnée en spectacle et d'avoir été découverte ou celle de se voir remettre un cadeau intime ? Je ne sais pas mais sans trop la regarder, je glisse ma main sur sa cuisse dans l'eau chaude du jacuzzi. Elle frémit. Ma main remonte doucement sa jambe et vient se glisser sous l'élastique de son maillot au niveau de sa hanche. Je regarde ma compagne qui sourit avec bienveillance et ses yeux me conseillent implicitement de poursuivre. La femme glisse ses deux mains dans l'eau bouillonnante, se soulève et, lorsqu'elle remonte ses mains hors de l'eau, je vois dans l'une la boule blanche et rouge de sa culotte de maillot. Ma main vient alors se poser délicatement sur son sexe, la femme a un spasme bref mais étonnamment violent. Elle est toute ouverte sous mes doigts, et bien que le milieu aquatique ne favorise pas la glisse, mes doigts s'insèrent aisément entre les grandes et petites lèvres, excitent le clitoris et pénètrent un peu sa vulve.
Il n'aura pas fallu plus de deux ou trois minutes pour qu'elle ait un orgasme tant elle était excitée au départ avant d'arriver dans le jacuzzi. Son corps s'est raidi, il a été agité de longues ondes qui lui ont rejeté la tête en arrière. Elle a les yeux fermés, elle ne sourit pas non, son visage est grave, grave mais il se détend un peu plus à chaque instant.

Dans les spasmes, sa main a relâché son bas de maillot qui plonge et remonte en surface au gré des bulles du jacuzzi. C'est ma compagne qui le repêche et qui me demande après un court instant, si je me sens 'capable' de sortir. Je le suis. Mon érection, qui a dû se manifester à nouveau pendant que je donnais du plaisir à cette inconnue, a disparu. Ma compagne et moi sortons du jacuzzi, récupérons nos serviettes sur les chaises longues et montons à notre maisonnette pour un débriefing bien venu.

Nous n'avons recroisé cette femme que le soir même à la table d'hôtes. Nous étions déjà installés lorsqu'elle est rentrée accompagnant son amant ou son patron. Lui, visage pincé, presque antipathique, sûrement plongé dans des réflexions de travail ; elle, regard un peu perdu, posture soumise. Si lui n'a lancé aucun bonsoir ni même un sourire aux convives dans la salle, elle a fait un grand sourire à ma compagne mais ne m'a pas même regardé. J'imagine toujours que si je croisais cette femme dans une soirée, je ne saurais la reconnaître et elle non plus. Je ne me souviens pas de son visage, juste de la fermeté de son sexe sous mes doigts et du regard espiègle de ma compagne.

3 – CE N'EST PAS LA LONGUEUR

A quarante ans, je ne crois pas être une mijaurée, mais pas une mangeuse d'hommes non plus. Mes expériences sexuelles se limitent aux hommes ce qui est somme toute assez banal pour une femme hétérosexuelle, mais pas à beaucoup d'hommes.

Mon premier homme est devenu mon mari. Sans avoir une vie sexuelle torride, nous avions des rapports à une fréquence plutôt dans la moyenne d'après le peu d'informations que j'ai eu. Lorsque nous avons divorcé, j'ai eu des amants épisodiques. Pas nombreux, je peux les compter sur les doigts d'une main. Nos relations étaient assez banales plutôt conventionnelles et, à cette époque, je ne parlais pas de sexe et n'y prêtait qu'une attention modérée.

L'approfondissement des pratiques sexuelles est venu plus tard. Mon compagnon actuel ne se croit pas obsédé (moi si) mais passionné par le sexe. Sans vouloir tout pratiquer, il s'est totalement libéré et n'hésite pas à proclamer qu'il a tous les fantasmes du moment que c'est entre personnes adultes, libres et consentantes. Avec lui, nous avons expérimenté plein de choses nouvelles que je n'ignorais pas mais que je n'appliquais pas non plus. Nos conversations au sujet du sexe sont très libres, il me dit ses fantasmes, me fait voir sur Internet ce qu'il trouve excitant et s'est même mis à écrire des nouvelles érotiques que je lis avant qu'il ne les publie. Il aime cette relation fusionnelle où rien de ce qui le touche ne doit m'être étranger.

Il m'avait dit à plusieurs reprises qu'il trouvait que son sexe n'était pas assez long. Banal ! Nous les femmes savons bien que les mecs passent leur temps à complexer sur la longueur de leur queue. A croire que cet appendice à ses racines dans le cerveau masculin et que parfois il y prend une grande, voire toute la place…Enfin, c'est un mec et il croit qu'il a une petite queue. Bien sûr, il sait que les acteurs pornos ont été recrutés d'après leurs mensurations, il sait que sa vision de son sexe en érection est pervertie par la perspective. Il sait aussi qu'il me fait jouir et que je n'en voudrais pas de plus grosse ou de plus longue. Je veux la sienne, j'aime la sienne et j'aime lui dire et lui faire sentir que je la désire. Sa queue, je la veux sur mon corps, se glissant entre mes vallées ou glissant sur ma peau huilée, je la veux dans ma bouche, sur ma langue, sur mes joues et mon front ; je la veux sur moi et je l'aime en moi. J'aime son diamètre, sa chaleur, son goût salé quand il se retire de moi. Je l'aime dure comme du bois ou flaccide et assoupie comme un oiseau ensommeillé au nid. J'aime sa queue, je l'ai même faite mienne. Il n'a pas le droit de s'en servir avec quelqu'une ou quelqu'un d'autre. C'est ma queue à moi. Celle qui me fait jouir, celle que je tripote comme un doudou avant de m'endormir, celle que je grignote ou suce goulûment comme un sucre d'orge zéro calorie.

D'un autre côté, on ne peut pas, nous les femmes reprocher aux mecs de se focaliser sur la longueur de leur sexe alors que nous passons notre temps à contempler, juger et jauger notre poitrine. D'ailleurs, ce sont les femmes qui ont sponsorisé la chirurgie plastique en alimentant par nos prestations mammaires le bénéfice des cliniques de chirurgie esthétique. Si les hommes commencent depuis peu à se faire enfler et allonger le pénis de manière durable (car momentanément, ils savent le faire tout seul), ce n'est que l'égalité des sexes qui s'immisce jusque dans ce secteur.

Donc nous parlions parfois, rarement en fait, mais toujours un peu trop souvent à mon goût de la longueur de son pénis. Jusqu'au jour où j'eus ce que je considère encore comme une bonne idée. Je me suis renseignée auprès du sauna au coin de la rue s'il y avait des soirées un peu chaudes. C'est tout naturellement, voire de manière très banale, que le mec à la caisse m'a expliqué qu'il y a avait de tout et pour tous les goûts que ce soit en matinée, en après-midi ou en soirée. Le samedi était réservé au 'mixte' à traduire par 'couples hétéros', le mardi aux femmes et uniquement aux femmes et le jeudi aux hommes et aux hommes seulement. Jusqu'à 18 heures chaque jour, la tenue devait être irréprochable dans le sauna : pas de partouze, de flirt ou d'attouchement ; mais à partir de 18 heures, le caissier ouvrait les petites salles accolées à la grande pièce. Ce qui se passait alors dans les alcôves ne concernait personne d'autre que ceux qui s'y aventuraient. Je lui fis part de mon projet concernant mon homme et en souriant il me dit pouvoir arranger ça avec un de ses clients. Le jeudi d'après, je devrais emmener mon homme au sauna. Ça tombe bien, il sort du travail juste à temps pour que je l'y dépose à 18 heures et puis jeudi c'est son anniversaire.

Je suis allée le chercher à son travail. Déjà ça lui a fait une bonne surprise. Et puis je lui ai dit lui avoir préparé un cadeau sans rien lui révéler. Je ne me suis pas garée devant chez nous ou près du sauna, je l'ai craché en double-file en lui glissant un 'bon anniversaire' en même temps qu'un baiser sur les lèvres. Il a eu l'air particulièrement ému et il l'était encore plus en rentrant vers 20 heures.

Je l'attendais calmement, non c'est pas vrai, je l'attendais impatiemment lorsqu'il a ouvert la porte et est venu m'embrasser. Il n'a rien dit avant de nous servir un verre et de se caler dans le canapé tout contre moi. Et puis il m'a raconté :

« Je suis arrivé tranquille, je pensais que tu m'avais offert un massage ou une séance de balnéo comme je l'ai déjà fait pour toi. Le caissier ne m'a pas détrompé, il m'a demandé mon nom et m'a signalé qu'on m'attendait dans le hammam après que je me sois déshabillé, douché et que j'ai revêtu le slip en papier et les tongs qu'il m'a tendus. Le slip en papier était ridicule, mais je ne voulais choquer personne alors je l'ai enfilé mais j'ai préféré nouer une serviette autour de ma taille avant d'entrer. »

Moi qui ait imaginé, façonné et refaçonné cette scène dans mon esprit, je souris en écoutant me raconter ce que j'ai ourdit sans savoir jusqu'où…

Il continue : « Le hammam est une grande pièce carrelée avec des bancs aménagés dans les parois, des petites fontaines et surtout de la vapeur partout. Ça sent l'eucalyptus et le romarin, et il y fait la chaleur idéale pour se détendre après une journée de travail. Je cherche des yeux au travers de la vapeur qui serait là mais n'y voit personne. Alors je dénoue ma serviette, l'étend sur un banc carrelé et m'allonge dessus. Mon slip en papier ne ressemble plus à rien, déjà avant la vapeur il n'avait pas bonne mine, mais une fois détrempé il est franchement ridicule et un peu transparent en plus. Je m'apprête à fermer les yeux pour éventuellement m'assoupir un peu dans la chaleur bienfaisante quand un mec sorti du fond de la salle s'approche droit vers moi. Avant que je me prépare à me relever pour lui faire une place sur le banc, il me fait signe de ne pas bouger. Il me sourit et me dit que le patron du sauna lui a demandé un accueil spécifique pour moi. Ensuite il enchaîne immédiatement sur le fait que le sauna est gay le jeudi et que nous sommes jeudi ; il me précise qu'à partir de 18 heures tout ou presque y est permis sauf porter le slip ridicule que j'ai sur moi. Je bafouille que je ne savais pas, que c'est un cadeau, que ma compagne ne devait pas être au courant, que je ne suis pas gay et que je vais partir et les laisser entre eux… Sur ce, le mec éclate de rire et frappe plusieurs fois dans ses mains. De tous les coins de cette pièce que je croyais unique sortent des mecs à poil, morts de rire ou avec un grand sourire. Certains sont en érection ou en semi-érection. Ils se touchent un peu en s'approchant de moi mais avant que je ne croie victime future d'une tournante homo, le premier mec m'explique. Il me raconte que ma copine aurait dit que je complexais sur la longueur de ma bite et qu'afin de me de rassurer il fallait que j'en voie au moins autant qu'elle ; après seulement je me ferais mon opinion. Il m'explique que pour l'arrivée des nouveaux mecs homos dans leur cercle d'habitués de ce sauna ils organisaient en guise de bienvenue une jack-off party. La jack-off party étant ni plus ni moins qu'un concours de masturbation ou plutôt une masturbation de groupe durant laquelle les mains censées manipuler la queue de leur propriétaire avaient l'occasion de s'égarer sur celle d'un autre. C'est en assistant à cette jack-off party que j'ai pu voir plus de bites en érection que pas mal de femmes. Il y en avait de toutes les tailles et de toutes les couleurs, des épilées et des velues, des courtes noires et des longues blanches, des fines et des épaisses, des circoncises, des droites et des déformées. J'ai vu des queues plus grosses et plus longues que la mienne, des plus courtes et des beaucoup moins belles. Et je les ai vues bandant mou, ou pas du tout et bandant dur jusqu'à l'éjaculation. J'ai vu des mecs se masturber comme des sagouins en s'astiquant le plus vite et le plus fort possible et j'ai vu des gars prenant leur temps tout en douceur. Et tu sais quoi ? »

- Non, je t'écoute
- Merci. C'était un beau cadeau que je n'aurais pas osé me faire. Je ne t'embêterai plus avec la longueur de mon sexe, tu avais raison de me rassurer. Je te remercie encore.

Moi, sa compagne, je n'ai pas osé lui demander ce que lui avait fait au milieu de tous ces hommes se masturbant. S'est-il caressé aussi ? A-t-il éjaculé ? Est-ce qu'il a branlé un autre type ou est-ce qu'un autre type l'a caressé, sucé peut être …. ? Je n'ai pas osé lui demander peut être de peur de savoir. Tout ce que je sais c'est qu'il n'a pas pu finir son verre. J'étais tellement excitée par les visions de tous ces mâles dont le mien nus et en érection que je lui ai sauté dessus. Son sexe sentait encore l'eucalyptus…

4 – UN PLAN À TROIS

J'avais parfois évoqué avec ma compagne l'idée d'un plan à trois. Je n'irais pas jusqu'à dire qu'elle était emballée par l'idée, mais tout le monde peut changer d'avis, non ?

C'était l'époque où je travaillais chez un loueur de voitures à l'aéroport. L'aéroport en question n'est qu'à une vingtaine de minutes de notre résidence. J'y avais des horaires variables calqués sur le trafic aérien. C'était l'été, j'y travaillais souvent très tard le soir selon les retards d'avions.

En fin d'après-midi ce jour-là, je travaillais avec une belle collègue au comptoir de ce loueur de voitures quand, en dehors des heures d'affluence au comptoir, une jeune femme d'une vingtaine d'années se présente pour louer une voiture mais pas pour la conduire.

Elle était russe, jeune, belle, n'avait pas de permis de conduire, ne savait pas conduire un véhicule mais voulait louer une voiture pour juste dormir une nuit ou deux dedans, sur le parking de l'aéroport. Vous, je ne sais pas, mais moi, ça me révulsait d'imaginer cette charmante jeune fille dormir dans une voiture, subir la froideur nocturne et manquer des installations d'hygiène indispensables à un minimum de confort. Je n'ai pas craint pour elle une éventuelle insécurité car dans cette région nous sommes à l'abri des malfaisants mais nous avons aussi des valeurs d'hospitalité que je n'ai pas souhaité bafouer.

Sans vraiment réfléchir, j'ai proposé à cette charmante Russe d'aller plutôt dormir chez moi, enfin chez nous puisque ma compagne était à la maison. Un moment surprise, la jeune femme a accepté non sans avoir demandé discrètement à ma collègue – je l'ai su après – si j'étais un homme 'correct' et si mon offre était 'convenable'… Ma collègue s'étant portée garante (si elle savait…) de ma moralité, la jeune Russe a confirmé accepter d'aller dormir chez nous. Lorsque des clients louant une voiture à l'aéroport et passant à proximité de chez nous sont venus au comptoir, je leur ai demandé comme un service d'y déposer la jeune russe. Ils ont accepté immédiatement ; c'était un jeune couple (qui se reconnaîtra) ayant beaucoup voyagé en auto-stop et qui trouvait là un moyen de payer sa dette à la générosité collective. Je leur ai donné le numéro de téléphone de ma compagne restée à la maison, notre adresse, ainsi que la description de la jeune russe à trouver dans l'aérogare. Je crois bien les avoir surclassés gracieusement en leur allouant un véhicule supérieur à celui loué. Ils ont récupéré la jeune fille russe dans le hall de l'aéroport, ont klaxonné et fait un signe en passant devant mon comptoir avec la

17

Russe à bord et sont partis vers la ville où je réside. J'ai rapidement prévenu ma compagne par téléphone de l'arrivée d'une invitée et me suis replongé dans mon travail jusque très tard le soir.

J'ai dû rentrer à la maison vers minuit, une heure. Ma compagne m'attendait impatiemment. Elle m'a raconté l'arrivée de la Russe, leurs discussions en anglais et le plaisir qu'elles avaient eu toutes deux à passer la soirée ensemble. Fatiguée par son escapade (ses amis l'avaient plus ou moins abandonnée à l'aéroport) et ses angoisses de se retrouver seule en terre étrangère, la jeune femme était allée dormir assez tôt sans m'attendre pour me remercier et occupait la chambre d'amis. Comme je reprenais assez tôt le travail le lendemain matin, ma compagne et moi sommes allés nous coucher tout en poursuivant la conversation sur la Russe et la complicité qui s'était développé entre les deux femmes.

Le lendemain, je suis rentré chez moi un peu plus tôt que la veille, il devait être dix ou onze heures du soir. Inutile de dire que, toute la journée, ma jeune collègue avait raconté l'anecdote à toute l'équipe et combien tous m'ont charrié et cuisiné pour savoir si oui ou non un plan à trois s'était déroulé la veille. Énigmatique et distant, j'ai laissé planer le doute jusqu'à mon départ du travail.

Ma compagne m'attendait dans la cuisine avec une petite collation. A peine avais-je franchi la porte qu'elle me fit signe de ne pas faire de bruit, elle me conseilla avec une œillade coquine de manger légèrement et vite, d'aller prendre une douche et de les rejoindre dans la chambre d'amis.
BINGO !
De LES rejoindre !
Dans la CHAMBRE D'AMIS et non dans le LIT CONJUGAL !

J'en ai déduit que la jeune femme russe devait à nouveau dormir dans la chambre d'amis et que ma compagne était enfin tentée par ce fameux plan à trois que je lui avais souvent suggéré.
Inutile de dire que j'étais troublé. J'ai grignoté machinalement en songeant aux possibilités sexuelles qui nous étaient offertes, j'ai pris une café et fumé une puis deux clopes en imaginant leurs conversations de la journée sur le sexe à trois, mes goûts en matière d'érotisme et leurs pratiques saphiques. J'ai tenté de me souvenir du physique de la jeune Russe sans succès. Je me souvenais qu'elle était mignonne, la fraîcheur des vingt ou vingt-cinq ans et toujours souriante ; sa couleur d'yeux ou de cheveux, je n'en avais pas le souvenir mais ça n'avait alors aucune, mais vraiment aucune importance.

Je suis sorti de la douche comme j'y étais entré, excité comme un calao ce dont ma compagne m'a félicité en se dirigeant vers la chambre d'amis. J'ai poussé délicatement la porte de la chambre. La lumière y était douce et colorée car tamisée par des foulards posés sur les lampes de chevet. Ma compagne était allongée sur le côté du lit le plus proche de la porte, elle portait la nuisette coquine que je préfère et me fit signe d'un doigt sur les lèvres de faire le moins de bruit possible. Dans la semi-pénombre, j'ai vu sur l'autre côté du lit, une chevelure blonde qui dépassait des draps et reposait paisiblement sur l'oreiller. La fille avait dû s'endormir en nous attendant, mais je faisais confiance à ma compagne, le plan était dressé (lui aussi) et nous allions réveiller la fille par nos baisers et nos caresses.

J'étais nu et en de bonnes dispositions, ma compagne a ouvert le lit et m'a fait signe de me glisser contre elle en même temps qu'elle se décalait vers la place de notre blonde endormie. J'ai préféré ça plutôt que me coucher entre elles. Je crois bien que je ne voyais pas comment réveiller la jeune femme sans la surprendre quoi que ma compagne ait prévu et quelle que soit la façon dont elle avait présenté les choses à la Russe.

Toujours en chuchotant ma compagne me demanda si j'étais heureux de ce qui m'arrivait moi qui avait souvent proposé un plan à trois. Je l'embrassais, la remerciais et lui dit à quel point j'étais heureux de la voir franchir le pas et de m'en avoir fait la surprise. Elle rit et m'invita à prendre beaucoup de plaisir puis, d'un geste rapide, elle ôta les draps sur la blonde endormie pour me dévoiler une poupée gonflable !

Il a fallu attendre qu'elle ait fini de rire pour que nous entamions ce fameux plan à trois qu'elle m'avait concocté.

Et bien vous savez quoi ? Nous nous sommes beaucoup amusés tous deux en déclinant toutes les possibilités que nous offrait la situation.

La Russe avait pris un taxi le matin même pour l'aéroport mais n'avait pas eu le temps de passer à mon travail pour me saluer. Ma compagne, qui avait eu toute la journée pour aller chez son amie organisatrice de réunions sex-toys chercher notre 'partenaire n'en a sûrement pas parlé à la Russe avec qui elle est toujours en contact par mail ; il n'est pas impossible qu'elle repasse un jour à la maison et qui sait… ?

5 – RÉUNIONS SEX-TOYS

Bien évidemment, je savais que Brigitte, une des amies de ma compagne, était organisatrice de soirées de vente à domicile. J'avoue que pour moi ces réunions de femmes pour acheter au choix : des herbes réputées magiques ou presque, des savons qui hydratent davantage que l'eau, des crèmes qui ramènent en enfance et des boîtes pour encombrer les placards, ne m'ont jamais réellement passionné.

Le fait que ma compagne se rende régulièrement à des soirées chez des copines de Brigitte ne me dérange pas. A la limite, je préfère savoir leur déballage d'encombrants ailleurs que dans mon salon et l'idée d'entendre un groupe de filles s'extasier sur les vertus de produits 'fa-bu-leux' pendant toute une soirée m'épuise par avance.

Ce que je ne savais pas c'est que la Brigitte en question ne vendait pas du tout le genre de produits que j'imaginais. Brigitte est une femme d'affaires, elle ne vend que des choses vraiment utiles : des sex-toys ! C'est ce que ma compagne m'apprend ce matin avant que je parte au travail. Pourquoi cette révélation ? Elle aurait pu le garder pour elle non ? Eh bien non ! Elle ne peut pas le garder pour elle car demain c'est samedi et c'est chez nous que la réunion de Brigitte doit avoir lieu.
- Pourquoi chez nous ?
- Parce que ça tourne. Une fois chez l'une, une fois chez l'autre, et demain c'est mon tour d'organiser la soirée.
- Bon d'accord. De quoi as-tu besoin ? Combien serons-nous ?
- Tu ne seras pas là. Il ne faut pas que tu sois là, c'est uniquement entre femmes. Les hommes ne sont pas admis.
- Pas admis ? Moi, pas admis chez moi ? Tu rigoles j'espère ?
- Euh..Non, c'est la règle, les maris vont au foot, au cinéma…enfin ils sortent ! Ne me dis pas que tu ne comprends pas.

Bien sûr que je comprends. D'ailleurs je comprends maintenant pourquoi nos jeux sexuels se sont accessoirisés ces derniers temps (ce dont je ne me plains pas, bien au contraire), je comprends comment elle me surprend avec de la lingerie et des tenues affriolantes que je ne lui savais pas avoir. Je comprends aussi que si les mecs sont présents aux soirées de ces dames, celles-ci n'oseront pas parler de leurs émois, plaisirs, désirs et orgasmes ; qu'elles n'oseront pas essayer des dessous coquins et que, de surcroît, il y a des mecs vachement lourds qui ne se tiendraient plus en voyant débouler chez eux une meute de coquines-qui-en-veulent-et-qui-n'ont-pas-froid-aux-yeux…

Ce que je comprends aussi, c'est qu'il va me falloir sortir et quitter la maison alors que je n'aime pas le foot, que je ne vais pas dans les troquets et que le cinéma est fermé. Sûr, que si j'avais une maîtresse, vu la veine que j'ai, elle ferait partie du groupe de Brigitte et pas disponible demain soir. C'est dommage, moi je passerais bien la soirée de demain avec une (ou plusieurs) coquine-qui-en-veut-et-qui-n'a-pas-froid-aux-yeux puisque ma compagne me vire de la maison.

Au bureau, j'ai passé la journée du vendredi à surfer sur le web pour voir à quoi était censé ressembler ce type de réunion. D'après les blogs, forums et sites, j'ai appris que cela commençait plutôt soft par la présentation de crèmes dépilatoires, hydratantes et de bien-être ; que ça se poursuivait généralement par des lubrifiants, des gels de massage, des aphrodisiaques et des bougies parfumées ; puis qu'après une pause brunchique les choses sérieuses débutaient enfin. Qu'il était alors question de filles à poil enfilant des culottes ouvertes, des strings et des catsuits puis qu'après un verre ou deux de plus ça passait aux godes, vibros, cravaches et menottes. En rentrant le soir à la maison, j'imaginais mon salon transformé en harem lubrique, ma compagne en train de raconter ce qui excitait son mec (moi) afin de faire un shopping utile, supputer sur les emplettes qu'elle allait faire et sur celles que j'aimerais qu'elle fasse… Ben oui, ça m'excitait !

Le lendemain, samedi, je ne bossais pas. J'ai passé la journée avec ma compagne à :
- nettoyer la maison à fond
- faire les courses pour le brunch de ces 'petites cochonnes'
- préparer les cakes, blinis, tapas, salades, cookies pour ces 'expulseuses de domicile'
- faire des 'cocktails de fruits' (mais aussi remplir le bar et la cave…)
- pousser les meubles dans le séjour et glaner tous les sièges de la maison

Et puis, parce que j'aime ma compagne et que je veux que ses dévergondées d'amies le sachent, je lui ai acheté suffisamment de fleurs pour que ça se voie bien. Et toc !

Quand elle m'a mis dehors, je ne savais pas trop où aller pour perdre les deux à trois heures que devait durer la réunion. J'avais mon mobile, elle m'appellerait quand je pourrais rentrer. Il était presque 20 heures, la plupart des magasins étaient fermés ou sur le point de baisser le rideau. Après une flânerie lèche-vitrinesque et une collation légère dans le seul fast-food du coin, je profitais qu'il fasse encore jour pour nettoyer ma voiture. Mal m'en a pris puisqu'après avoir fait le plein à la pompe à carte et passé le nettoyeur au lavage à carte, j'ai voulu nettoyer l'intérieur à l'aspirateur à pièces. J'avais la tête ailleurs assurément, encombrée par un manège à jouets d'adultes qui tournait sans cesse, et j'ai pas fait gaffe ! En entrant dans la voiture, je n'ouvre pas entièrement la portière et je m'explose la paumette sur le coin du battant.

Putain ! C'est la deuxième fois que ça m'arrive. Ce n'est pas extrêmement douloureux, mais d'un, ça fout les jetons parce que c'est juste à côté de l'œil et qu'un jour je vais m'éborgner, et de deux, ça pisse le sang comme c'est pas croyable. La première fois, je m'étais arrêté dans une pharmacie où on m'avait gentiment posé des strips, cette fois-ci, j'ai des strips à la maison (prudent depuis) mais les pharmacies proches sont fermées. Aller aux urgences pour ça me paraît démesuré. Je me colle la chiffonnette à vitre sur la plaie et j'appelle à la maison :

- C'est moi. Je suis désolé, je me suis encore filé un coup de portière dans la figure. Tu peux me sortir les strips et de quoi nettoyer ? Tu mets tout ça dans le garage et je ne vous dérange pas.
- Oh encore ! Tu n'as toujours pas lu le mode d'emploi de ta voiture qui dit qu'il faut ouvrir la porte AVANT d'entrer dedans ?

Elle rit et je la comprends. Écoute, me dit-elle, ce serait mieux que tu ne viennes pas jusqu'à la maison parce qu'il y a toutes les voitures des filles devant le garage et qu'elles n'apprécieraient peut-être pas que tu puisses les reconnaître. Arrête-toi au coin de la rue et je t'apporte la boîte à pharmacie.

Trois minutes après quand elle m'a vu dans ma voiture au coin de la rue avec ma lingette gorgée de sang sur la joue, le sang séché sur mon menton et sur ma chemise, elle a décidé que je ne pouvais pas rester comme ça. Me ramener à la maison, oui, mais que je vois les filles ou leurs voitures, non. Alors elle a décidé de me bander les yeux avec un des bandages de la pharmacie puis de me nettoyer la plaie et de poser les strips. Ce qui fut dit fut fait, je suis rentré avec elle en aveugle à la maison.

C'était bruyant. Sombre pour moi qui avais les yeux bandés mais bruyant. Mon arrivée ne les a pas calmées. La vue du sang maculant mon visage, les bandages et ma chemise a suscité des cris de compassion. Ma chance a été qu'une des femmes présentes soit infirmière, ma malchance fut qu'elles soient nombreuses et très imaginatives. L'infirmière m'a soigné après que ma compagne, m'ayant fait promettre de garder les yeux fermés, ait remplacé le bandage par un bandeau issu de la boutique de Brigitte. Une fois le bandeau bien en place, j'ai pu retirer ma chemise. L'une des filles ayant émis l'hypothèse que je pourrais retirer le bandeau, une autre a proposé de me mettre des menottes sorties de la panoplie de Brigitte ; et puis, puisque j'allais être bien sage maintenant aveuglé et menotté, ce serait dommage que je me rhabille et je n'avais qu'à rester torse nu au milieu du salon. Une chose en entraînant une autre –faites confiance à un groupe de femmes excitées pour avoir des idées- j'ai tout essayé :
Bandeau, menottes, pinces à seins, bâillon (les pinces à seins font un mal de chien) et puis maintenant que j'étais silencieux : tapettes, cravaches.

La soirée est allée crescendo et je me suis retrouvé en caleçon, puis à poil pour enfiler des strings pour homme ; plus tard, mon tempérament s'étant échauffé au milieu de ces dominatrices j'ai testé des cockrings, ballrings et tous les articles qu'avait Brigitte pour placer sur un phallus. Avant que la soirée ne se termine et que ces dames rentrent chez elles, j'ai eu droit à une splendide fellation sous les commentaires encourageants des participantes. Je ne sais pas qui m'a pris dans sa bouche mais je crois bien qu'il y en a eu plusieurs jusqu'à ce que je jouisse sous leurs applaudissements. Ce que je sais, c'est que depuis ce soir-là, il m'arrive d'avoir dans la rue et les magasins des sourires de femmes que je ne crois pas connaître.

6 – LA GENTILLE FÉE*

Elle s'en remet à peine. Elle a crié un peu, gémit beaucoup et s'est tortillée comme Houdini se débarrassant de ses chaînes.

Elle a joui et tout son corps en témoigne. Elle s'est crispée à s'en casser un membre, presque à briser le mien en elle, puis s'est détendue flageolante, pantelante, éreintée mais saturée d'hormones. Sa peau est moite de la sueur qui a perlé au fur et à mesure que montait son plaisir.

J'ai caressé sa peau tout au long de la pénétration, caressée n'est pas le mot : effleurée l'est ! Elle ne veut plus de caresses dès que le plaisir monte en elle, elle réclame des effleurements de surface. Elle veut que mes doigts courent légers sur son corps ; alors mes doigts courent sur toute la surface de sa peau comme sur un verre de cristal pour le faire chanter. Et pour chanter, elle chante. Elle pousse de longs gémissements modulés comme un loup crie à la lune. Malgré son souffle court, elle entonne de longues mélopées de sauvagerie primitive et son sexe s'est trempé d'une soudaine averse équatoriale.

J'en déduis qu'elle a eu un orgasme…

J'aime qu'elle prenne autant de plaisir quand je suis en elle et que mes mains accompagnent les mouvements de mon phallus en son tréfonds. Les doigts de ma main droite ont joué sur son clitoris, ses lèvres, sa vulve et son périnée. La paume de cette main a pressé en cadence son mont de vénus accompagnant la longue houle de la pénétration sur laquelle nous avons surfé de concert. De la main gauche, j'ai effleuré sa peau, dessiné ses seins, érigé ses mamelons. Cette douce symphonie corporelle n'en était qu'à son premier mouvement puisque maintenant, je sais qu'elle va s'affairer à me faire jouir à mon tour. J'aime son regard de femme qui a joui sur mon phallus bien dressé. Je sais qu'elle va rendre hommage au sexe qui l'a pénétrée, l'a ouverte et sur lequel elle s'est refermée pour se rouvrir et se fermer encore au rythme de son sexe qui a tété le mien, goulûment, frénétiquement, comme un poisson péché tentant d'avaler de l'eau.

Elle me fait allonger sur le dos et pose sa tête sur mon ventre. Je ne vois plus mon membre car sa tête me le cache ; alors je me sens aveugle et je concentre à l'instar des non-voyants toutes mes sensations dans les sens qu'il me reste. Je sens l'odeur de musc de son sexe qui n'a pas encore évaporé ses liqueurs, je hume l'odeur de ses cheveux qui font un rempart soyeux entre mes yeux et son activité. J'oublie tout le reste, mes mains ne me servent à rien. Parfois je les occupe un peu en caressant sa peau mais ma peau qui tout à l'heure était virtuose est devenue malhabile. Je ne sens rien d'autre que mon sexe tendu vers ses lèvres qui attend tout autant la délivrance que le supplice la précédant.

Supplice ? Ben oui, supplice : Je veux jouir ! Mais pas maintenant ! Je veux d'abord savourer pendant le plus de temps possible le plaisir que je vais recevoir et celui qu'elle va me donner sans le savoir.

Sans le savoir ? Ben non, elle ne sait pas : Elle n'a pas une queue tendue et distendue de l'avoir pénétrée longuement. Elle n'a pas un gland gonflé comme un fruit prêt à éclater juché sur un rameau distendu par une sève orgueilleuse.

Sait-elle à quel point mon sexe se languit de la première mise en bouche ? Du moment magique où, sorti de peu de temps de son corps, juste à peine refroidi à la température de la pièce, il va se faire brutalement engloutir dans la chaleur humide de sa bouche. Ça y est ! Elle vient de se plonger autour de moi. J'ai un vertige, je réclame une pause, je veux que ça dure et je maudis tout ce désir primal en moi qui voudrait qu'elle me soulage. Ne me soulage pas ! Fais-moi hurler, patienter, languir mais n'arrête rien, jamais ou continue mais toujours.

Sa bouche me retire d'elle pour mieux m'engloutir plus profond. Je sais que son nez va aller appuyer contre mon pubis mais je sais que je ne le sentirais pas car mes sens ne nichent plus dans mon corps, ils sont tous descendus dans mon sexe. Je lui demande alors un répit, je crie grâce, je suis un burn-outé des sensations. Trop d'information tue l'information et si mon corps la réclame, mon cerveau est saturé, je ne peux ressentir et apprécier tant de sensations à la fois. J'exige qu'elle ne continue pas mais je lui interdis de s'arrêter. Elle me prend ! Elle me prend car elle se fout de ce que je veux et de ce que je ne veux pas. Elle prend car elle me donne plus que je peux gérer, mesurer, contrôler, admettre...

Sa bouche m'a libéré mais pas ses lèvres. Elles entament, avec la langue, le ballet vicieux d'une chorégraphie apparemment chaotique mais scandée en virtuose. Je sens l'ovale de ses lèvres venir coiffer doucement l'extrémité de mon gland et s'ouvrir de force sous la pression de mon membre qu'elle engloutit. Ses lèvres sont fermes et résistent à la descente en me faisant subir une pression périphérique totalement enivrante. J'ai l'impression que mon gland est terriblement long tellement ses lèvres prennent leur temps à arriver jusqu'au bourrelet de la base du gland. Mais Chut ! Elles y arrivent. A ce moment le suspense est insoutenable : va-t-elle franchir l'obstacle ou le refuser. Faites qu'elle le franchisse. Non, s'il vous plaît qu'elle ne le franchisse pas encore et me fasse savourer une nouvelle descente ; et puis non, et puis je ne sais pas, c'est elle qui me prend et je n'ai rien à dire mais tout à attendre sans aucune possibilité d'anticipation.

Des frémissements telluriques ont dû l'avertir car sa bouche se retire et sa main prend le relais. Quand je dis sa main, je parle de son autre main, car tout le temps où elle dégustait ma frénésie, sa main courait sur ma hampe, mes testicules et mon périnée. Parfois, elle s'égarait davantage pour mesurer l'ampleur de mes frémissements. Mais maintenant, elle sait qu'alea jacta est, no U-turn, pas de retour possible. La masculinité bestiale va se révéler, c'est inéluctable, c'était écrit et elle sait me déchiffrer.

Sa main a bien appris la leçon que ses lèvres et que sa langue lui ont montrée. De la même façon, elle répète à l'envi la leçon pour la savoir par cœur. Elle englobe, caresse, chapeaute, escalade, dévisse, remonte, arpente et me tsunamise.

Il s'en remet à peine. Il a crié un peu, gémit beaucoup et s'est tortillé comme Houdini se débarrassant de ses chaînes.

Il a joui et tout son corps en témoigne. Il s'est crispé à s'en casser un membre, presque à briser le sien en moi, puis s'est détendu flageolant, pantelant, éreinté mais saturé d'hormones. Sa peau est moite de la sueur qui a perlé au fur et à mesure que montait son plaisir. ../..

*Référence à la devinette : Qui est la plus gentille des fées ? La fellation.

7 – SODOMIE

- Le mien, c'est pas qu'il soit lourd, mais il n'est pas vraiment léger non plus. On se dit tout alors, forcément il m'en a parlé. Il m'a dit que, oui, il en aurait envie. Mais, moi, ça ne me tente pas du tout.
- Pareil pour moi. Ils nous gavent ces mecs à vouloir nous la fourrer partout. On a un vagin, à priori, ils s'y sentent plutôt bien ; on a une bouche, on les y accueille volontiers alors pourquoi par-là ?

Les trois femmes sont attablées entre copines, non, plutôt entre amies qui se connaissent bien et n'ont jamais hésité à se raconter leurs histoires.
Comment le sujet est arrivé dans la conversation ? Elles ne s'en souviennent plus mais là n'est pas l'important. L'important c'est qu'elles en parlent ; enfin que deux des trois en parlent, car la troisième reste muette. Seul un petit sourire au coin de ses lèvres laisse penser qu'elle en sait plus qu'elle n'en dit, ou pas…

- Moi, je n'ai jamais voulu essayer. Pourtant la plupart des hommes avec qui je suis restée un peu me l'ont demandé et quand ils ne me l'ont pas demandé, c'est qu'ils ont essayé en prenant l'air de mine de rien. « Oups ! J'ai dérapé » ou alors, une fois en levrette, « je m'égare un peu vu que les lumières sont tamisées et que je ne vois pas trop bien où je la mets ».

- Y'a un type, un jour, je sortais avec lui depuis quelques semaines qui a passé une soirée à me convaincre d'essayer. Il disait que tant qu'on n'a pas essayé on ne peut pas savoir. Le mec m'a raconté que toutes les femmes avec qui il l'avait fait n'ont plus juré que par ça.

- Ils sont obsédés par ça. Regarde, y' a pas un film porno où les nanas ne font pas la sodo ou la double pénétration. Faut s'y faire les filles, ça fait partie de leurs fantasmes. Et l'industrie du film X les conforte avec ces filles qui jouissent comme des malades dès qu'elles ont une par devant et une par derrière.

- Exact ! Des fois, mon mec loue des films X et on se les regarde tous les deux. Euh… non en fait, il les regarde, et moi je fais semblant de m'y intéresser sinon il me traite de coincée. Alors j'ai remarqué que dans tous les films qu'il prend, il y a toujours des scènes de sodomie. Pourtant il dit qu'il ne les choisit pas pour ça ; c'est vrai qu'il n'y a jamais le mot 'sodomie' dans le titre ni ' anal' ou des trucs comme ça ; mais en fait il y en a toujours à un moment ou à un autre. Preuve que ça le travaille, c'est que juste après la grande scène de sodo il éteint la télé et on va se coucher. Alors bien évidemment, il revient à la charge et remet ça sur le tapis.

- J'ai tout essayé pour le dissuader. Je lui ai parlé d'hygiène mais il dit que c'est propre si on se lave, alors je lui ai dit qu'on n'avait pas un clito devant et un clito derrière. Que puisque notre clitoris participait à ce point à notre plaisir, il devrait se concentrer sur cette face-là plutôt que se disperser.

- Tu ne peux pas, c'est des obsédés. Un mec que j'ai largué avait même essayé de me la mettre là pendant que je dormais. Tout ça pourquoi ? Parce que j'aimais bien qu'il aille et vienne entre mes fesses pour jouir sur mon dos. Le gars a dû penser que je faisais ma timide et que je ne demandais que ça sans vouloir me l'avouer. Enfin, ça c'est qu'il m'a dit mais je suis une grande fille, si j'ai envie de l'avoir là je lui dis mais si je n'ai pas envie qu'il me la mette, je lui dis aussi.

- Quand même les filles, vous ne pensez pas que si tous les mecs en parlent autant, que s'ils disent tous avoir des ex qui ont 'a-do-ré' et que les films X en font voir autant c'est que c'est peut-être pas si mal ? Vous avez essayé au moins avant d'en parler ?

- …Mon ex-mari était obnubilé par ça….Alors on a essayé, à force…Une fois… J'ai pas du tout aimé. Ça m'a fait mal, ce n'était pas agréable et je ne vois pas comment j'aurais pu y trouver du plaisir.

En s'adressant à la troisième femme, celle qui n'a rien dit depuis le début de la conversation.
- Et toi ? Tu n'as rien dit depuis tout à l'heure. On te voit bien avec ton sourire en coin et ton mec qui écrit des nouvelles érotiques. Toi, ma cochonne je crois bien que tu as essayé et que t'as aimé ça non ? C'est vrai que t'as toujours été délurée rapport aux hommes. Alors ? Va ! Ne laisse pas tes meilleures copines ignares et dis-nous. Si tu peux nous apprendre quelque chose, s'il te plaît apprends-le-nous. Il faut le faire ou pas ? Est-ce que ton mec te le fait ? Est-ce que c'est bon ? Comment tu t'y prends pour l'en empêcher ?

La troisième femme sort de son mutisme, regarde bien en face ses deux amies et se livre :

« Mon homme aussi m'a demandé que nous le fassions et m'a fait des jeux de mots et des allusions pas lourdes mais répétées quant à la sodomie. Au début, j'étais comme vous. Je refusais tout de go. Question d'éducation, je pense. C'est vrai que depuis toujours on stigmatise les homosexuels masculins à cause de ça.

Pour l'église c'est le péché des péchés et notre éducation est imprégnée de ce tabou. Mais on est au 21ème siècle les filles, faut évoluer avec son temps. Souvenez-vous ou imaginez la position de vos mères et grand-mères quant à la fellation. On disait « pompier » à l'époque, puis « pipe », maintenant on dit « fellation » parce que ce n'est plus tabou et réservé aux putes. Mais laquelle de vous deux a osé demander à sa grand-mère si elle avait sucé des mecs ?

Alors oui, il m'a demandé et j'ai bien senti que pour lui c'était important. Je n'essaye pas de le comprendre sur ce sujet. J'accepte et je conçois que les désirs des hommes et les désirs des femmes diffèrent. C'est cette différence qui rend le sexe amusant aussi. Baiser avec une fille c'est bien mais ça peut lasser. La fille pense à peu près comme toi, jouis à peu près comme toi et fantasme à peu près comme toi.

Vivre et coucher avec un homme c'est un saut dans l'inconnu. Découvrir des fantasmes que tu n'aurais jamais pensés envisageables parce que toi t'as un cerveau de nana monté sur une chatte et que lui a un cerveau de mec monté sur une bite.

Alors oui, on a essayé et pas plus tard que la semaine dernière. Je l'avais prévenu à l'avance que j'acceptais mais que c'était à mon rythme et à mes conditions. Je savais bien qu'avec lui il n'y avait aucun problème au niveau du respect et qu'il me laisserait le temps nécessaire. Je suis sûre d'ailleurs qu'à partir du moment où je lui ai dit oui, il y a beaucoup moins pensé.

Le soir venu, j'avais tout préparé. Quand il est venu se coucher, j'étais déjà dans le lit avec une jolie nuisette et un bouquin. Il s'est couché à côté de moi. J'ai fermé mon livre, baissé la lumière et je lui ai demandé s'il voulait qu'on essaye la sodomie. Il a un peu rougi, c'était touchant, les mecs sont comme ça, ils veulent, ils veulent et quand tu leur dis oui, c'est des petits garçons. Alors avec son sourire gêné il m'a dit oui, si ça me faisait plaisir d'essayer, il voudrait bien essayer aussi. »

- Alors tu l'as fait ? Demandent les deux copines assez surprises.

- Bien sûr ! J'ai écarté les draps et je lui ai fait voir le fabuleux gode-ceinture que je nous avais acheté.

- Tu veux dire que tu l'as…

« Oui. Il a pâli tout d'un coup. Sa rougeur a quitté son visage et il est devenu blanc. Ça m'a émue. Je me suis sentie comme un homme expérimenté qui va dépuceler une vierge. Je l'ai rassuré, je lui ai dit que je serais douce et tendre.

Mais je lui ai dit aussi que nous avions toujours été dans l'égalité et que s'il voulait me prendre comme ça, il devait accepter d'être pris lui aussi.

Et puis, vous savez quoi les filles ? CA m'excitait aussi de le prendre. J'ai découvert le sentiment de puissance que l'on a avec un engin comme ça entre les jambes.

J'y suis allé tout doucement. J'avais lu pas mal de conseils pour pratiquer le 'pegging' ou 'inversion' comme ils disent sur le web.

Je l'ai laissé venir sur moi à sa vitesse et à grand renfort d'encouragements et de lubrifiant. Petit à petit, une fois la surprise de m'avoir en lui, il a commencé à apprécier, à gémir et à se tortiller. Il n'a pas mordu l'oreiller parce qu'il n'a pas eu mal, il a crié parce qu'il avait du plaisir.

Crié j'ai dit, ce n'est pas ça, il a gémi comme un puffin cendré et s'est lamenté comme un goéland. Bien sûr, je l'ai stimulé autrement en même temps une fois que son érection est revenue. Il n'a pas aimé, il a joui comme nous. Mon homme a eu un vrai orgasme de femme avec le souffle court, les yeux qui chavirent et le rouge aux joues. Je ne l'avais jamais vu comme ça et rien que d'y penser j'ai encore des larmes qui montent tellement ce moment était émouvant pour lui comme pour moi. Je crois bien qu'il avait les yeux mouillés de reconnaissance d'avoir eu ce qu'il m'a dit être son premier orgasme. Jusque-là, m'a-t-il dit, il croyait avoir eu du plaisir. A partir de ce jour, il sait ce qu'orgasme veut dire. Alors maintenant que je l'ai vu jouir comme ça, que je l'ai entendu me raconter son plaisir, je vous dis les filles, c'est quand il veut qu'il me sodomise parce que je sais qu'il sera doux comme je l'ai été. Et je vais vous dire aussi que ça a changé beaucoup de choses dans notre couple. Savoir que je peux le prendre comme il me prend lui a changé sa façon de se comporter. Mon homme se dit beaucoup plus complet comme homme maintenant qu'il ne l'a jamais été. Il n'est pas honteux de s'être fait prendre, il est fier de s'être donné à moi.

Tiens, demandez-lui, il arrive juste »

-….(silence des deux femmes à l'homme venu saluer le groupe)

8 – ÉPILATION

Nous apprécions l'un comme l'autre l'absence de poils sur le sexe et un pubis entretenu. Pourquoi conserver une toison pubienne alors ? Parce que nous fréquentons des plages naturistes et que nous bronzons et nous baignons nus sur des plages isolées. Nous ne sommes pas exhibitionnistes et souhaitons conserver cette toison afin de ne pas attirer les regards. L'été, et notamment lorsque les juillettistes et aoûtiens viennent chez nous, les plages officiellement naturistes se transforment en lieux de drague et d'exhibition. L'idée que des couples et des célibataires viennent chercher des frissons ne nous choque pas mais il est vite pesant de nous voir observés, jugés, jaugés comme de la viande à l'étal. Un pubis marqué par des poils reste commun alors qu'un corps entièrement épilé donnerait l'idée que nous faisons partie des échangistes ou mélangistes.

L'épilation du sexe, qui peut être un exercice difficile (et périlleux) lorsqu'on le fait seul, se transforme en une séance ludique lorsqu'on la fait à deux. Généralement, nous commençons par moi, l'homme. Pourquoi ? Je ne sais pas, peut-être que la première fois où nous l'avons fait, ma compagne a trouvé pédagogique de me montrer comment elle s'y prenait, elle qui avait l'habitude de s'épiler seule auparavant. L'épilation se fait à la cire chaude. Avant je m'étais acheté une tondeuse-rasoir corporelle spécialement étudiée pour être utilisée sous la douche ou avec de l'eau et du savon mais nous avons constaté que les poils rasés repoussaient vite et surtout de plus en plus durs. A moins que je ne me rase le sexe et sa périphérie deux fois par semaine, la zone devenait urticante pour les lèvres délicates de ma compagne…

Pour des raisons pratiques et de confort, nous nous installons dans la chambre, sur le lit. Le sujet à épiler est allongé sur le dos, une serviette dépliée sous lui permet de recueillir les fils de cire sans en mettre sur le couvre-lit. La séance se passe toujours l'après-midi afin que la lumière du jour éclaire le 'chantier'.
Ce jour-là, comme à notre habitude, on a commencé par moi. Je suis en t-shirt en haut et nu en bas, sur le dos, les jambes écartées et relevées, les pieds posés sur le bord du lit, offert. C'est assurément la meilleure position que nous ayons trouvée afin de rester confortable toute la séance et d'offrir à l'opérateur une vision et un accès dégagé à la zone à épiler.
C'est toujours un moment privilégié pour notre couple. Après qu'elle se soit concentrée sur mon sexe et ses attributs, que j'ai tenu ma verge à droite, à gauche, en haut puis en bas pour qu'elle puisse opérer, ce sera son tour de s'allonger et de se laisser explorer. Il m'appartiendra alors d'épiler les alentours, puis les si délicates et

précieuses grandes lèvres pendant que de son doigt tendu elle protégera son clitoris. A droite, puis à gauche, son doigt va se glisser entre les petites et grandes lèvres pour protéger le trésor qui niche dans son écrin de chair.

Quand ce sera mon tour de l'épiler, je prendrai un plaisir certain à appuyer un peu plus que nécessaire, à tapoter sur des endroits inutiles afin de l'exciter. Le temps qu'une bande de cire refroidisse, je caresserai un peu vers son anus pour lui dire que je le vois et que cela m'émeut de l'avoir totalement à ma merci. Dans quelques instants, quand elle reviendra avec la cire, c'est aussi ce qu'il m'attend. Alors je malaxe doucement mon sexe afin qu'il soit souple et déployé, pas en érection, non, juste décontracté afin de lui offrir un spectacle présentable. Je sais que cette séance d'épilation va l'exciter encore plus que moi, et qu'une fois que nous aurons débarrassé nos entrejambes des derniers fragments de cire, nous ferons l'amour.

C'est ainsi, dans cette position et cet état d'esprit que je suis exposé à ce moment. La première vague dépilatoire s'est concentrée sur la base de la verge et les plis de l'aine juste entre mon service trois-pièces et les cuisses. Ici la peau est toute fine car en permanence pliée et dépliée à chaque mouvement des jambes. C'est une zone particulièrement sensible à la chaleur qui demande que la température de la cire soit particulièrement bien maîtrisée. Donc, ma compagne fait généralement peu chauffer la première vague de cire et s'attelle à cette zone en premier. Ensuite, elle va dans la cuisine, remet la cire dans le micro-ondes et la fait chauffer un peu plus pour poursuivre la tâche sur la verge, les testicules et le périnée.

Je suis donc allongé sur le lit dans cette semi-tenue, le sexe à l'air et les jambes écartées. Ma compagne dans la cuisine attend que la cire chauffe puis refroidisse un peu avant de me rejoindre dans la chambre. J'ai mis un peu de musique sur le radioréveil de la chambre et je n'entends pas la conversation qui débute dans la cuisine.

« S'il te plaît ». Dis la voisine qui s'est présentée sous la fenêtre de la cuisine, « Je me suis enfoncé une épine en taillant mes rosiers et avec mes doigts gourds d'arthrose, je n'arrive pas à la retirer. Tu peux me l'enlever ? »

La voisine est une gentille petite mamie qui vit seule à quelques dizaines de mètres de chez nous. Sans que nous soyons très proches, nous nous saluons régulièrement, échangeons quelques amabilités et nous nous rendons des services. Sans réfléchir, ma compagne fait entrer la dame et décide que le temps que la cire refroidisse un peu elle a le temps d'aller chercher une pince à épiler et de retirer l'épine de la main de la voisine. Elle sort donc la cire du micro-ondes et part vers la salle de bains chercher la pince sans voir que la voisine la suit.

Avant d'arriver à la salle de bains, la voisine passe devant la chambre où je suis et dont la porte est restée ouverte. Elle a dû me voir puisque pendant que ma compagne retire l'écharde, elle lui demande à voix basse si la cire dépilatoire vue dans la cuisine est pour moi. A voix basse à son tour ma compagne lui dit qu'en effet, elle était en train de m'épiler et qu'elle va y retourner dès l'épine extraite. Elle m'a raconté plus tard à quel point l'intérêt a surgi dans les yeux de la voisine. Un homme qui s'épile ? Là, à cet endroit ? Elle veut voir !

J'imagine l'amusement qui est né dans l'esprit de ma moitié à l'idée de m'exposer ainsi au regard de cette inoffensive dame. Le fait est que lorsque ma compagne est revenue avec la cire, elle n'était pas seule. Tout naturellement, ma compagne s'est installée sur le bord du lit et a repris l'épilation en discutant avec la voisine comme si je n'étais pas là et que je n'étais pas ainsi totalement exposé et indécent.

- Tu n'as pas peur de le brûler ?
- Non, la cire est juste suffisamment chaude.
- Ça ne lui fait pas mal ?
- Non, il m'a toujours dit que non.
- Ça lui fait du bien ?
- Suivant comment je m'y prends, ça peut lui plaire.

Elle a poursuivi l'épilation sous les yeux de notre voisine comme si je n'étais pas là ou que je n'entendais pas ou que je n'étais pas aussi impudiquement exposé. Malgré tout, elle a bien fait attention à me stimuler comme à son habitude. Est-ce sa stimulation seulement ou le regard de cette autre femme sur mon sexe ou plus certainement les deux ? En tout cas l'érection est montée rapidement. Lorsque mon phallus a pointé droit et fier, la voisine s'est levée et nous a laissés sans manquer de remercier ma compagne pour le spectacle. Ce à quoi je l'ai entendue lui répondre que c'était avec plaisir.
Je ne sais pas à quel point le plaisir exprimé par ma compagne était sincère, mais pour ma part j'ai beaucoup aimé que la vision de mon sexe en érection berce de temps à autre les rêveries de cette femme.

Parfois, quand nous fermons les volets assez tard le soir et que nous voyons qu'il y a encore de la lumière chez la voisine nous imaginons avec plaisir à quoi elle pense et ce qu'elle fait.

9 – DOMINATRICE

Aïe ! Humm !
Un peu des deux sûrement.
Ce soir quand je rentre à la maison elle m'attend dans le séjour plutôt que venir m'accueillir à l'entrée.
Je pose mes affaires et viens l'embrasser mais elle me repousse et refuse mon baiser.
Ce soir elle a décidé que ce serait une soirée 'domina'.
Humm ! Aïe !

Nous ne sommes ni fétichistes ni BDSM, mais nous avons jugé opportun de pimenter un peu notre vie sexuelle par des petites mises en scène qui ne vont pas aussi loin que ce que prônent les aficionados de ces pratiques. Ce sont des jeux amusants ou tout du moins distrayants qui permettent à chacun d'aller trouver en lui des plaisirs inconnus et des fantasmes inavoués.
Que l'un ou l'autre fasse ou fasse faire à son partenaire ce qu'aucun des deux n'avait jusque-là pensé faire permet de se connaître mieux. En suivant les fantasmes de l'autre ou son inspiration du moment on découvre tant chez soi que chez l'autre des désirs inconnus et des plaisirs que l'on croyait devoir s'interdire ou que l'on n'aurait pas osé prêter à l'autre.

C'est une vraie dominatrice qui m'attend dans le salon et j'ai presque du mal à y reconnaître ma compagne. C'est un choix de sa part afin de me faire perdre mes repères et de m'intimider. Perruque flamboyante, maquillage poussé, elle porte une robe panthère ultra-courte sur des longues cuissardes qui ne dévoilent qu'un peu de sa peau nue au niveau où j'aime trouver la lisière de ses bas ; de même ses mains et ses bras sont gantés de longues mitaines assorties à la robe. Je la sens prête à rugir et je me découvre, une fois encore autant intimidé qu'excité par la séance à venir avec cette femme qui n'est jamais « ni tout à fait la même, ni tout à fait une autre »….
Nous avons décrété ensemble que ces séances n'ont qu'un seul but : son plaisir. Il lui a fallu du temps pour se débarrasser de son envie de me faire ce que j'attends. Elle sait ce qui m'excite et ce qui me refroidit mais doit passer outre. Elle doit se consacrer entièrement à ses envies quelles qu'elles soient, sans pudeur, sans honte et sans culpabilisation. Le seul obstacle à ces pratiques serait qu'elle se limite à ce qu'il me plaît et ce n'est pas le but du jeu.
Elle porte une cravache à la main. L'objet n'est pas destiné à faire mal mais à guider, effleurer, caresser ou sanctionner. Si la cravache est le symbole de sa puissance, le sceptre de la dominatrice affirmée, elle lui permet surtout de me faire des choses à distance, sans contact charnel afin de ne pas créer l'intimité habituelle à nos ébats

'classiques'. Parfois, le coup un peu trop fort marque un peu ma peau sans que je ne ressente de vraie douleur. C'est cinglant, ça claque fort mais ça fait beaucoup moins mal que se taper un orteil sur un pied de table. Si une rougeur apparaît sur ma peau à l'endroit qu'elle vient de frapper, c'est immédiatement un repère à ne pas dépasser ce soir-là et ça nous fait un joli souvenir pour les soirs à venir où nous recenserons ensemble les stigmates de nos jeux. Elle rougira un peu au souvenir de l'instant et je me remémorerai le plaisir que j'ai éprouvé à me soumettre à ses désirs.

Je pose mes affaires et m'éclipse dans la salle de bains pour une douche et des ablutions complètes. Je sais toujours que ça commence comme ça mais je ne sais jamais comment ça se poursuit, alors je veux être parfaitement propre. La scène salle-de-bains fait partie intégrante de mon plaisir. D'abord parce que c'est un moment d'intimité qu'elle ne me vole et que je savoure à sa juste valeur quand que je sais que le reste de la soirée ne m'appartient déjà plus. Ensuite, c'est un cadeau que je lui fais en préparant mon corps comme je sais qu'elle a préparé le sien avant mon arrivée. Ça aussi est partie essentielle du plaisir que nous prenons à ces séances. Lorsqu'elle m'attend ainsi disposée, je sais qu'elle y a songé longuement durant la journée ou parfois plusieurs jours à l'avance. Je sais qu'elle a choisi soigneusement la tenue qu'elle allait porter : L'a-t-elle commandée récemment ? Est-elle allée la choisir chez Brigitte son amie vendeuse de sex-toys ? Je sais qu'elle a longuement imaginé ce qu'elle allait me faire et comment le faire : Est-elle allée chercher des idées sur des sites spécialisés ? A-t-elle lu des nouvelles érotiques ? A-t-elle juste décidé d'improviser ?

Je sors tout propre et tout nu de la salle de bains pour me glisser dans la chambre. Sur le lit est disposée la tenue que je dois revêtir. Je dois porter tout ce qu'elle a sorti pour moi et uniquement ce qu'elle a préparé. Cela peut être réduit à un simple string comme à un ensemble pantalon et chemise en cuir ou en vinyle. Parfois, il y a des accessoires pour accompagner la tenue, parfois il n'y en a pas sur le lit mais elle peut très bien les avoir mis en attente dans le salon. Le suspens fait partie de son plaisir et par contrecoup du mien.

Qu'est-ce qui me pousse à apprécier ces séances de 'femdom' (domination féminine) ? Peut-être d'abord l'envie de lâcher prise. Être un homme souvent prédateur, finit par lasser. Offrir à l'autre l'idée de prédation dans la recherche du plaisir est reposant et rassurant aussi. Lui laisser les rênes de la soirée me conforte dans l'idée qu'elle puisse souhaiter avoir du plaisir avec moi, de plus, m'abandonner à ses désirs me permet de mieux me découvrir en même temps que je la découvre mieux. Ces jeux, pouvant parfois apparaître puérils, sont aussi ma madeleine de ma sexualité. C'est enfant puis adolescent, que j'ai (comme tout le monde) construit ma sexualité. Les jeux font renaître en moi des fantasmes enfouis qui font partie de moi alors que ma sexualité d'homme mûr me les a fait oublier ou taire ou dissimuler...

C'est en maître d'hôtel minimaliste que je reviens dans le salon. Je ne porte qu'un nœud papillon, un débardeur et un boxer long en satin sur lequel est dessiné un tablier. Le boxer est gonflé de moi car une ceinture jock-strap met en évidence mes attributs. Elle m'attend mais ne prête aucune attention à mon entrée, je m'enquiers de ce qu'elle désire. Elle veut un verre que je lui sers, elle veut que je tourne sur moi-même pour me voir sous toutes les coutures, elle apprécie le spectacle et sa position dominante.

Peut-être c'est ce soir-là qu'elle m'a fait porter un plug anal, ou qu'elle m'a donné des leçons de cunnilingus allongée sur le canapé dessinant sur mon dos avec sa cravache les directions que ma langue devait suivre, je ne sais plus. Y a-t-il eu des menottes ? L'ai-je massée longuement alors que mon érection me demandait d'abréger ? M'a-t-elle demandé de me masturber devant elle ? Les souvenirs s'estompent mais je sais avec certitude que j'y ai pris du plaisir et qu'elle en a eu aussi.

La prochaine fois, si elle le veut bien, c'est elle qui sera ma soumise.

10 – DESCENTE AU PARADIS

Entre ses cuisses écartées et relevées son sexe m'attire et m'émeut. Dans cette position, je le vois entièrement, intégralement sans aucun obstacle. Il n'y a de poils que sur son pubis et son mont de vénus boisé est un coussin accueillant sur lequel il fera bon poser mon front.
Elle attend et je la fais languir…

Elle attend le premier contact sans savoir quelle forme il va prendre. Vais-je écarter ses lèvres avec mes doigts pour l'exposer davantage ? Ou vais-je d'un petit coup de langue annoncer mon approche ? Mystère. Pour qui sait observer, cette attente est une floraison. Comme sur ces images accélérées où une plante grandit et fait naître un bouton qui explose en corolle. Elle fleurit. Son sexe refermé jusqu'alors s'ouvre à chaque minute davantage. J'attends que la fleur exhale son parfum pour m'approcher encore. J'aime l'odeur fauve de son sexe excité. Je sais que loin là-bas au fond de mon cerveau reptilien se met en place un processus ancestral qui éveille mon corps encore plus que ma conscience. Quand toutes les cellules de mon être ne sont plus qu'un objet sexuel, je m'approche encore et me noie en elle.

Parfois ma langue est enveloppante et douce lorsque je la déroule comme un tapis sur lequel se pose son sexe. Parfois j'en fais un bourgeon inquisiteur qui explore tous les plis de son intimité. Ma langue, dont l'extrémité érigée prend la consistance d'un doigt, sait se glisser entre les grandes et petites lèvres pour côtoyer son clitoris. De temps à autre, le bout de ma langue entame avec son clitoris une joute suave, un pas de deux au ralenti dont la chorégraphie est rythmée par ses spasmes.
Tout à l'heure encore, mes mains la caressaient. Elles caressaient son ventre, pesaient un peu sur le pubis pour stimuler la partie enfouie de son clitoris, effleuraient ses doigts ou tenaient un poignet. Maintenant que le plaisir commence à monter en elle, elle ne supporte plus mes mains sur son corps afin de ne pas se disperser. Elle veut que toutes ses sensations ne viennent que de ma langue, de ma bouche, de mes lèvres. Elle est assidue et j'aime qu'elle s'abandonne totalement à cette caresse, à ma caresse.

Pendant que ma langue se fait protectrice sur son sexe désormais béant ou inquisitrice entre ses plis intimes, mes lèvres effleurent parfois à leur tour le détonateur de son orgasme à venir. Je ne suce pas, je ne mordille pas, je pousse juste de mes lèvres le bouton turgescent afin de lui faire connaître une autre texture. Ma langue toujours humectée de salive vient déposer sur son sexe une sève glissante que mes lèvres essuient avant que je ne l'humidifie encore. Textures différentes, sensations de glisse alternées, pressions modulées, je veux qu'elle perde pied plus encore. Je ne veux pas qu'elle puisse identifier quelle partie de ma bouche la touche et qu'elle ne puisse même plus savoir sur quelle partie de son sexe je suis. Son sexe est un paysage connu toujours à explorer. Je suis un topographe zélé qui mesure à maintes reprises l'altitude de sa turgescence, la profondeur de ses sillons et le diamètre de la bouche avide qui aimerait tant que je la comble. Plus tard, ma chérie, plus tard. Je n'ai pas fini et lorsque j'ai fini une mesure, je vois bien que les reliefs ont bougé et qu'il me faut mesurer encore la hauteur de ton excitation, la profondeur de ton vertige et la béance de ton désir.

De temps à autre, lorsque la langue plonge en elle pour tenter de combler un peu son impatience, c'est le bout de mon nez qui vient appuyer sur son mini-phallus puis qui tourne autour en le drapant puis en le découvrant des lèvres qui viennent l'enrober dès que je n'y prends pas garde. C'est une tâche de Sisyphe à laquelle je m'attelle puisqu'il suffit que je pousse d'un côté pour que l'autre se drape ; alors j'alterne d'un côté puis de l'autre au rythme de sa tête qui maintenant oscille. En a-t-elle le contrôle ? Je ne le crois pas. Comme ses mains qu'elle maintient loin, hors de contact de ma peau ou de son corps, ses mouvements sont incontrôlés, primaires et primitifs. Sa tête fait une sorte de non répété qui me dit qu'elle lutte contre le vertige. Lutte t'elle ou a-t-elle juste très envie et très peur de s'y abandonner ?

Elle ne veut pas me toucher et ne veux pas que je la touche ? Baste ! Pendant que ma langue, mes lèvres, ma bouche et mon nez l'explorent, l'ouvrent, l'écartèlent, un doigt léger vient effleurer les plis délicats de son anus. Le sent-elle consciemment ? Il est vrai que je ne lui pose jamais la question. Mais inconsciemment, tout son corps en a conscience puisque cet œil jusque-là fermé, s'ouvre et palpite. Voudrait-il que je m'insère ? Peut-être, mais nous n'avons pas parlé de pénétration il me semble. Alors, il ne pénètre pas mais salue, attouche, flatte et encourage jusqu'à que tout son corps danse au tempo de ce petit chef d'orchestre. Bientôt les spasmes de son corps et les mouvements de sa tête se calqueront sur les contractions de sa vulve et les palpitations de son anus. Bientôt alors je calquerai mes mouvements de bouche sur son rythme afin de l'accompagner dans son escalade d'un sommet dont elle ignore l'altitude.
Au moment où elle l'atteint, un spasme violent secoue son corps qui se tétanise. Son souffle court me prouve qu'elle est montée haut et manque sûrement d'oxygène. Alors, à l'instant où une salive qui n'est pas la mienne inonde ma langue et coule sur mon menton, je m'écarte doucement et la laisse à son vertige.

Le sherpa a fait son travail en l'accompagnant au sommet. Maintenant qu'elle a sauté dans le vide, j'attends qu'elle déplie son parachute et plane lentement vers moi pour m'embrasser.

11 – UN GAGE À REBONDISSEMENT

Je ne sais plus pourquoi exactement elle a mérité ce gage. Je sais et elle sait aussi qu'elle l'a mérité. C'est une petite distraction que nous aimons bien mettre en place parfois. C'est assez innocent ou carrément pervers mais ça nous amuse un temps et nous évite de sombrer dans la routine. Je compte ses gages, elle note les miens et dès que l'un de nous s'ennuie un peu et aimerait bien que l'autre s'intéresse à lui, il réclame que le gage soit exécuté. C'est souvent un jour de pluie, ou une après-midi morose que le gage prend tout son intérêt. Et puis, entre une journée sans orgasme et une journée avec, que choisissez-vous ?

Donc cet après-midi que nous ne faisons rien de spécial, je lui rappelle qu'elle me doit un gage et que celui qu'elle a tiré dans le chapeau à gage est d'être mon esclave sexuelle pendant une heure…
C'est assez rare que ce gage ci sorte, dans la liste des gages à mettre dans le chapeau, il n'y a qu'un seul item comme celui-ci. Parfois c'est un massage, une anecdote sexuelle inédite à raconter, un strip-tease, une exhibition… le thème est vaste et ouvert.

Je lui demande, pardon, je lui ordonne (elle est mon esclave après tout) de se bander les yeux puis, elle devra se déshabiller et me faire une démonstration convaincante de sa capacité à utiliser un vibromasseur. Elle hésite juste ce qu'il faut pour me faire croire qu'elle est réticente. Réticente à se bander les yeux, je le conçois ; quant à utiliser de manière convaincante un sex-toy, je la sais assez libérée pour bien vouloir m'offrir ce spectacle si je lui demande. Pas de bandeau insiste-t-elle. Le bandeau intimé-je ! Pourquoi le bandeau me direz-vous ? Pourquoi la priver de mon excitation qui monte au fur et à mesure que ses caresses m'excitent ? Parce que je me suis fixé sur le front avec un serre-tête la petite caméra numérique que nous possédons. C'est léger, ça a suffisamment de mémoire pour enregistrer plus d'une heure de vidéo et ça ne fait aucun bruit. Crise sur le gâteau, j'ai les mains libres et pourrait intervenir à tout moment autant sur elle que sur moi.

Elle a revêtu le bandeau et se déshabille lascivement en faisant bien attention d'exhiber son corps. Je n'en perds pas une miette et la caméra non plus. Sur mes injonctions, elle se caresse les seins, le corps et plonge une main vers son sexe. Le fait de savoir que je la regarde l'excite énormément à première vue. Je n'ai pas l'habitude de la voir décoller aussi vite, tant mieux. Quand elle commence à s'être bien excitée toute seule, je vais choisir un sex-toy et lui met dans la main. C'est le fameux rabbit multi-vitesses, multi-mouvements, multi-tout avec oreilles de stimulation clitoridienne, deux ou trois moteurs enfin bon c'est une bonne machine. Elle s'en empare mollement, en principe elle n'est pas trop vibromasseur, mais là, elle n'a pas le choix. Un gage est une dette d'honneur.

Je lui conseille de chauffer l'engin contre sa peau ce qu'elle fait en promenant le jouet, sur son cou, ses joues, entre ses seins et entre ses cuisses resserrées. Afin que la caméra ne perde rien du spectacle, je lui ai demandé maintenant de se mettre à quatre pattes sur le lit, la croupe tendue vers moi. Elle le fait volontiers sachant à quel point cette vision m'excite. Je vois son sexe béer entre ses lèvres ouvertes, le sillon de ses fesses que j'adore et la pastille rose qui est blottie entre elles. Je lui ai mis dans la main le flacon de lubrifiant afin qu'elle s'en enduise elle et le jouet qu'elle utilise. Placé derrière elle, je vois une de ses mains émerger d'entre ses cuisses et venir masser, malaxer, caresser et cajoler le sujet de mon petit film. Sous mes encouragements et mes injonctions, elle met en route les vibrations du rabbit et expérimente les différents modes de fonctionnement de la bête. Petite vitesse sur le clitoris, pas mal, grande vitesse sur la vulve, un peu trop fort... Tout y passe. Le but étant qu'elle trouve la combinaison secrète qui ouvrira la porte de son plaisir. Elle s'en approche car je vois le jouet effectuer des va-et-vient significatifs sur son sexe. Le bruit des moteurs varie régulièrement selon ses choix à elle. Elle ne tâtonne plus, elle a trouvé la recette magique, la vitesse de croisière de son voyage.

Pour ma part, j'avoue que j'ai du mal à ne pas virer le truc et à prendre sa place. J'ai bien fait de me fixer la caméra sur le front car je peux apporter ma pierre à l'édifice de son orgasme en construction. De temps à autre, je me caresse aussi ; pour le plaisir mais aussi en baissant la tête vers mon membre afin qu'il apparaisse sur la vidéo. Lorsque je lui montrerais le film et qu'elle verra l'effet que me faisait son exhibition, elle en sera encore plus fière.

Elle est en route maintenant. Elle a du mal à conserver la posture à quatre pattes que je lui ai demandé de prendre. Pas grave. C'est son orgasme et pas le mien qu'elle doit m'offrir. Je l'encourage, la caresse et la rassure au fur et à mesure que la vague de son plaisir enfle. Elle gémit des mots incohérents, se mord les lèvres et son visage prend une douce couleur rouge que j'aime lui voir le plus souvent possible. Mes mains courent sur son corps et viennent remplacer le vibromasseur car je sais qu'elle préférera jouir de moi plutôt que d'un objet. Je me place au plus près de son sexe gourmand afin que la caméra puisse lui faire voir demain à quoi son sexe ressemble au moment de l'orgasme. C'est, j'en suis certain un joli cadeau auquel toute femme devrait avoir droit. Nous les hommes on se voit bander et éjaculer, mais vous mesdames ? Combien de vos amants vous ont au moins raconté et au mieux fait voir à quoi ressemble votre intimité dans le plaisir ?

J'ai juste le temps de retirer la caméra de mon front et de la cacher avec le serre-tête sous l'oreiller qu'elle retire son bandeau pour me regarder dans les yeux. J'aime quand, dans cette petite détresse qu'est l'orgasme, elle me cherche pour se rassurer. Elle jouit et j'aime qu'elle jouisse.

Demain matin en partant au travail, je lui laisserai un mot sur la table du salon avec la vidéo dans le lecteur. Va-t-elle m'appeler au téléphone juste après l'avoir visionnée ? Va-t-elle me mettre un SMS assassin ? Suspens ! Ce que je sais c'est qu'elle saura prendre une revanche et que je n'ai rien à craindre, au contraire.

12 – UN VRAI CÂLIN

Cette après-midi d'été était particulièrement chaude. Les cigales chantaient depuis tôt ce matin et le soleil était assommant une bonne partie de la journée. La maison n'étant pas climatisée, nous avions pris l'habitude de conserver la chambre fraîche en conservant les volets fermés jusqu'au soir où nous les ouvrions enfin pour profiter de la brise nocturne.

De temps à autre selon notre courage ou notre fatigue nous apprécions d'aller nous allonger pour une courte sieste peu après le déjeuner. Parfois cette sieste, que nous faisons nus ou en vêtements légers, tourne à la 'crapuleuse' et nous voit nous fatiguer plus encore qu'avant de l'entamer. Mais aujourd'hui ce n'est pas le cas. Totalement nus sur le drap presque frais, nous n'osons nous agiter en raison de la chaleur. Nous glissons l'un comme l'autre dans une apathie qui nous plongera bientôt dans le sommeil.

Comme à son habitude ma compagne a mon sexe dans sa main. Ce n'est pas érotique, enfin ce n'est pas censé l'être, mon sexe s'est vu baptiser 'mon doudou' par ma compagne qui apprécie de le tenir pour s'endormir. Je suis, dans ces moments-là, un homme heureux. Déjà, avoir mon sexe dans la main est une chose que j'apprécie (c'était mon doudou bien avant que je ne lui prête), mais avoir mon sexe dans sa main est encore plus appréciable. Nonchalamment, machinalement, sans même en avoir conscience, je crois, elle le tripote comme on le fait de ses balles antistress ou d'un stylo que l'on tourne entre ses doigts. Heureux mais ne fanfaronnant pas, mon sexe est harmonieusement alangui sous sa main. J'entends par là qu'il n'est pas en érection, il est pénis et non phallus ; mais qu'il est détendu hors de toute contrainte comme celle d'un sous-vêtement qui le comprimerait. Ce n'est pas la 'demi-molle', ce serait la 'quart de molle' (on s'arrête là parce que après ça va heurter ma fierté…).

Bon enfin, il est bien, ma compagne est bien et moi aussi quand elle me dit :
- Tu n'irais pas nous chercher quelque chose de frais ?

Question que je traduis immédiatement en :
- J'ai chaud mais j'ai la flemme de bouger alors vas-y toi et ramène-moi quelque chose de frais

Si tu n'es pas marié, tu n'as pas la clé pour traduire. De même si tu n'es pas en couple, tu restes pénard mais si tu es en couple, tu te lèves et tu y vas même si tu n'en as aucune envie et que tu resterais bien couché vu qu'il fait une chaleur effroyable. Donc je me lève et j'y vais.

Je suis nu, mon sexe pend gentiment entre mes jambes et j'entre dans la cuisine. J'ouvre le frigo et la première chose qui se présente à mon regard est un pot de fromage blanc battu aromatisé à la vanille bio du type de ceux que dans la pub un jockey déguste dans un fjord en faisant un câlin (à son cheval ?). C'est frais ça. Me dis-je immédiatement et bien évidemment je décide de lui ramener. J'oublie volontairement la cuiller, je la remplacerai donc.

Avant d'entrer dans la chambre, je donne un peu de rigidité à mon membre afin d'en faire un couvert acceptable. Une masturbation légère associée à la chaleur et au programme que j'entrevois suffit à donner à mon pénis une allure présentable devant ma dame. Elle somnole dans la pénombre quand j'entre dans la chambre. Je lui dis doucement qu'elle doit conserver les yeux fermés et essayer d'identifier quel 'truc frais' j'ai choisi dans le frigo. Joueuse comme elle l'est, elle accepte immédiatement le défi et relève un peu la tête, la penche vers le bord du lit en arrondissant les lèvres afin que je lui verse une boisson dans la bouche sans en renverser partout. J'ai trempé mon sexe dans le pot de fromage blanc. C'est frais, certes, mais c'est léger et onctueux comme ils ont dit dans la pub. Mon gland ressemble à un bonnet de Père Noël avant qu'il n'en fasse tomber la neige, c'est beau, ça me plaît bien. Du bout de mon membre, je dépose un peu de fromage blanc sur sa lèvre inférieure. Elle est surprise par la texture du dessert mais fait glisser sa langue sur ses lèvres et goûte le parfum de vanille. Elle identifie le produit et trouve original d'avoir amené ça mais qu'elle aurait préféré quelque chose à boire. Entre-temps, elle a ouvert les yeux et me voit en train de plonger copieusement cette fois-ci mon sexe dans le pot. Elle éclate de rire et tend goulûment la bouche pour s'approprier tout le dessert qui me recouvre.

Il m'aura fallu beaucoup d'endurance pour supporter l'alternance du chaud et du froid jusqu'à la fin du pot. Quand je trempais dans le pot c'était froid et juste après elle me prenait dans sa bouche chaude. Mon érection montait au fur et à mesure qu'elle faisait courir sa langue partout où de la vanille pouvait encore subsister.

Avant que le pot ne soit terminé, il n'était plus du tout question de s'endormir. J'ai bien sûr badigeonné son sexe de dessert vanillé avant de le laper à même cette splendide écuelle. Elle a frémi sous la fraîcheur du produit frais au contact de son intimité, mais ma langue est venue à point nommé la réchauffer parcelle après parcelle.
Nous n'avons pas totalement terminé le pot parce que le fond n'est pas conçu pour être exploré ainsi. Nous avons tout de même fait l'amour en riant parce que nos baisers respectifs avaient toujours un goût de vanille.

13 – LE COURS DE MASSAGE

Ma compagne va régulièrement chez sa masseuse qui est, de plus, une de ses amies les plus proches. Les massages font partie d'une thérapie prescrite et sont un moment de soulagement de ses douleurs. Son amie la masseuse, Sylvie, fait partie d'une association qui participe à la formation de nouveaux masseurs et masseuses via des stages et des 'master-classes'. Ces interventions en public ne forment pas des masseurs professionnels mais des personnes voulant officier dans le massage 'bien être' et non thérapeutique.

Sylvie dispose d'un tout petit cabinet de massage dans lequel on tient à trois, voire quatre mais pas plus et son prochain cours doit recevoir six apprenties masseuses inscrites à ce jour. J'ai appris qu'elle avait demandé à ma compagne si le cours pouvait être organisé à notre domicile. Il est vrai que notre séjour doit bien faire soixante mètres carrés et que nous avons reçu à table parfois plus d'une quinzaine de personnes. Ma compagne ne dit assurément pas non à son amie, de plus, elle et moi pourrons assister aux cours de massage ce qui pourra toujours apporter un plus à notre vie de couple. Quant à moi, je ne vois en quoi cela pourrait me déranger, si les cours ne m'intéressent pas j'irais écrire dans mon bureau.

Le jour du cours arrive et Sylvie arrive bien en avance avec sa table de massage pliante, sa blouse, sa trousse d'huiles, crèmes et onguents et son rouleau de papier de propreté. J'aide à pousser les meubles du séjour et à installer la table pendant que ma compagne (qui a forcément préparé quelque chose) prépare un petit buffet pour son amie et ses stagiaires. Lorsque les apprenties masseuses arrivent, elles ne sont que quatre après une bonne demi-heure à attendre les autres.
Parce que je suis un homme et qu'il faut que la personne massée ôte son soutien-gorge, on demande à ma compagne (qui n'hésite pas à me montrer ses seins) de faire la 'patiente'. Elle s'allonge sur la table de massage et Sylvie commence son cours agrémenté de démonstration. Une à une les quatre filles et moi-même passons aux exercices pratiques en massant ma compagne qui exprime par des petits grognements son approbation ou par de petits sursauts sa désapprobation. C'est sympa et bon enfant comme ambiance jusqu'au moment où les filles passent sur le registre 'chakras' qui se décline en 'ouverture' et 'fermeture' et autres concepts pour moi abscons. J'en profite donc pour m'éclipser prétextant du travail dans mon bureau.

Il est très agréable pour moi de les entendre de loin, échanger, plaisanter et rire. L'ambiance semble assez potache et j'ignore ce qui se trame dans mon dos.

J'ai su plus tard qu'une des participantes (au moins) aurait demandé si certains points (chakras ou équivalents) pouvaient avoir un effet sur la santé, la digestion, la bonne humeur et tant qu'on y est…l'ardeur sexuelle. Forte de ses connaissances, Sylvie aurait alors fait une liste des points de massage à stimuler et des techniques à appliquer. En fin de matinée, Brigitte (l'amie de ma compagne, celle qui vend en soirée des articles érotiques) est venue rejoindre le petit groupe. Je soupçonne fort cette dernière d'avoir amené le sujet sur l'ardeur sexuelle car c'est son fonds de commerce et qu'elle est très professionnelle…

Lorsque la pause a été requise pour le brunch, j'ai rejoint le groupe et participé au débriefing de la matinée. Chacune racontait ses expériences de patiente chez le masseur, le kiné, l'ostéo selon son vécu. A mon étonnement, c'est Brigitte (la copine aux jouets) qui a fait le service pour une fois. Peut-être tentait-elle de se rattraper pour la soirée de vente d'articles coquins à notre domicile où elle était restée assise à remplir des bons de commande plutôt qu'à aider au service – ça, ma compagne me l'a raconté parce que mes souvenirs de cette soirée divergent-.

La pause terminée, le brunch et les cafés terminés il a été temps d'attaquer la seconde partie des cours de massage. Les filles riaient de bon cœur et j'ai apprécié leur complicité sans savoir que j'en serais la victime. Sylvie me demanda de faire le patient afin que toutes puissent à leur tour officier comme masseuse sans perdre de temps dans des roulements et je le suppose, sans qu'aucune n'ait à se déshabiller devant moi (sauf Brigitte qui était volontaire). Je me mets torse nu et vais m'allonger sur la table quand Sylvie me demande de retire également mon pantalon et de rester en caleçon. Je n'ai pas trop de pudeur pour cela et c'est volontiers que je m'exécute. En temps normal, l'idée d'être quasiment à poil, juste en caleçon avec une serviette sur les fesses sous le regard de toutes ces femmes m'exciterait. Mais ce jour-là, ça m'a fait bien chaud et j'étais heureux qu'on me demande alors de m'allonger sur le ventre car je sentais un peu de distraction du côté de mon caleçon en cours de remplissage.

Une fois allongé sur le ventre sur la table de massage, alors que les filles alternent leurs travaux pratiques sur moi, en riant et en gloussant, j'ai du mal à garder mon calme car j'ai une érection terrible qui monte sous moi. Pas la petite érection habituelle que je peux toujours contenir à peu près même si je ne peux pas la maîtriser, non THE gaule. Ma bite est dure et tendue sous mon corps. De temps à autre j'essaie de soulager la pression de mon poids sur mon sexe durci, mais c'est une tâche impossible soit parce que les filles me disent de m'étendre plus détendu (tu parles, j'aimerais bien) soit parce que j'ai peur en me levant un peu sur un flanc qu'elles aperçoivent qu'il y a fête au village. Alors la parfaite panoplie du mec qui veut pas bander me passe par la tête : impôts, factures, crédit, retraite et tant qu'on y est troisième âge, incontinence et sénilité. En vain. C'est du béton et du béton qui a pris, pas de celui qu'on vient juste de gâcher. C'est de la prise rapide et toutes mes tentatives arrivent trop tard. Au début c'était amusant mais là ça devient franchement inconfortable voire douloureux. En plus j'ai l'impression que plus je grimace, plus les filles rigolent et se foutent de moi. Ont-elles vu ? Je ne crois pas, mais peut-être qu'elles se doutent de ce qui se passe sous mon corps, sous la serviette dans mon caleçon.

Quand Sylvie me demande de me tourner et de m'allonger sur le dos cette fois. Je lui dis que non, je crois bien que ça ne va pas se faire. Les filles me questionnent alors toutes en même temps ? Tu t'es fait mal à une vertèbre ? On t'a fait mal en te massant ?

- Bon, écoutez, voilà, j'ai une solide érection et si je me lève maintenant vous allez me prendre pour un satyre.

Elles éclatent alors de rire et parmi les « on veut voir », les « allez fais pas ton timide », ma compagne me raconte qu'elles ont mis en pratique les préceptes de Sylvie la masseuse pour éveiller le désir sexuel. Cela avait été décidé ce matin lorsque j'étais absent et elles ont voulu voir si ça marchait.

C'est alors que Brigitte (la vendeuse d'articles coquins) s'écrie que non ce n'est pas le massage qui m'a fait de l'effet, c'est plutôt l'aphrodisiaque qu'elle a versé dans mon verre au repas. Comme elle veut le vendre, elle voulait s'assurer que c'était efficace afin d'en vanter les mérites dans ses soirées. Me prévenir à l'avance aurait gâché le test en aveugle.

Puisqu'en fait toutes ces femmes voulaient me voir bander, j'ai ôté ma serviette et me suis retourné sur le dos afin de leur faire constater le résultat de leurs efforts. Elles ont ri en se poussant du coude en voyant la bosse que faisait la toile légère de mon sous-vêtement. C'est ma compagne qui m'a encouragé à sortir mon membre en érection de mon caleçon, et à rester ainsi offert aux regards de ces femmes qui riaient déjà un peu moins fort prises par un peu d'émotion, je crois, et davantage de gêne que moi. Cette exhibition devant les auteures de mon érection était un plaisir à me faire que ma compagne n'a pas osé me refuser. La prof de massage ayant avoué son incompétence à faire redescendre l'engin par des massages secrets, autres que les pratiques connues de toutes, c'est ma compagne qui a suggéré que je me caresse moi seul afin de leur faire voir de quelle manière je m'y prends. Il est vrai que si certains hommes se masturbent violemment par des va-et-vient frénétiques, j'ai toujours préféré faire courir légèrement mes doigts sur mon sexe, en effleurer ses différentes parties et n'arriver au plaisir qu'après le plus de minutes possibles afin de savourer ce moment que je m'offre et que j'offre à ma moitié lorsqu'elle me le demande.

Je ne suis pas allé jusqu'à la jouissance car je sentais bien qu'elle serait un peu longue à venir alors dans le silence de ces femmes recueillies devant le cierge brandi que leurs yeux ne quittaient pas, je me suis relevé et ai quitté la pièce sans aucun vêtement fier comme Artaban et arrogant comme son cheval !

Lorsqu'elles sont parties elles ont salué ma compagne et lui ont souhaité bien aimablement une agréable fin d'après-midi.

Nous nous sommes appliqués tous deux une bonne partie de la soirée mais avons dû renoncer à ce que mon sexe redevienne flaccide. Nous en avons conclu que Brigitte avait dû y aller fort dans la posologie de son produit miracle

14 – SAMEDI GRAS

Le premier samedi du mois, parfois, nous regardons le film pornographique sur la chaîne cryptée. Ce n'est pas pour nous stimuler car nous n'avons pas forcément besoin de ces suggestions, ni pour apprendre quoi que ce soit car nous lisons beaucoup à côté, mais pour nous donner éventuellement des idées de situations. Ces situations vues sur le petit écran donnent lieu à un échange de points de vue sur ce qui l'excite ou la refroidit elle et ce qui m'excite plus ou moins, moi. Il est certain qu'au niveau des tabous et des fantasmes, je suis plutôt ouvert à partir du moment où c'est entre personnes adultes et consentantes. Je rends hommage à ma sexo-psycho thérapeute qui m'a permis de savoir et d'accepter la construction de ma sexualité et ainsi de me libérer sur ce point comme sur beaucoup d'autres.

Généralement, nous nous préparons au sexe avant que le film commence. C'est une sage précaution car il nous arrive de mettre immédiatement en application ce que nous voyons sur l'écran. D'autres fois, le visionnage n'est ponctué que de quelques attouchements par lesquels ma compagne et moi-même mesurons le degré d'excitation de l'autre au gré des différentes scènes. Nous sommes semi-allongés sur le canapé l'un à côté de l'autre en kimono, robe d'hôtesse ou nuisette.
Comme bien souvent, presque toujours en fait, le film est inepte, le scénario quasi-inexistant et les acteurs mauvais ; mais bon, le casting de l'équipe ne s'est pas fait au Cours Florent ni à la cérémonie des Césars. C'est bien souvent une exposition animée de plastiques siliconées et de membres énormes rythmée à outrance par des soupirs d'aise, des halètements bestiaux et des cris forcenés. Vu le niveau des dialogues en général, il faut bien que les acteurs s'expriment de cette façon pour croire à un soupçon d'érotisme. En fait, c'est ça que nous cherchons dans cette séance du samedi soir, l'érotisme de la situation d'être quasi-nus tous deux dans le séjour à regarder du sexe.

Entre les classiques scènes de fellations interminables, de pénétrations en gros plan, de sodomies inévitables, c'est une éjaculation faciale qui lance le dialogue :
- Ah moi, je n'aimerais pas. Me dit ma compagne.
- Tiens ? J'ignorais. Moi j'aime bien.
- Surtout pas avec moi. C'est dégradant, j'aurais l'impression que tu me craches au visage. C'est humiliant pour une femme.

Je lui explique alors mon point de vue : pour moi, c'est une bonne conclusion à la masturbation ou à la fellation. En tant que mâle, j'aime voir mon sperme jaillir et voir ma compagne l'accueillir avec plaisir. D'ailleurs dans tous les films X, l'éjaculation est bien visible alors que bien souvent quand un couple fait l'amour, l'homme éjacule en sa compagne sans manifestation externe. C'est un classique de réalisateurs de films pornos qui savent bien qu'en tout homme existe au moins une petite part d'homosexualité qui le scotche devant une bite tendue et une éjaculation bien visible. De plus, ces films étant principalement à but masturbatoire pour des hommes, il faut les décomplexer de se palucher seuls devant tant d'inepties et les inviter à éjaculer. C'est le plaisir plus ou moins coupable qu'ils prendront à leur masturbation qui leur fera dire que le film était plus ou moins réussi et leur donnera l'envie d'en visionner d'autres, donc d'en acheter ou d'en louer, enfin de financer cette industrie.

De mon côté, l'éjaculation faciale n'est qu'une variante appréciable de l'éjaculation extérieure. J'aime que mon sperme jaillisse sur sa peau à elle, ou sur la mienne d'ailleurs. Je connais la chaleur et l'onctuosité de ce flot épais à l'odeur si particulière presque alcoolisée. J'aime qu'elle partage ce moment en recevant, entre ses seins, entre ses fesses, sur son dos ou son ventre, l'expression de mes sentiments distingués. De mon point de vue, éjaculer sur le corps de ma partenaire consentante est un hommage, un don, un abandon, un partage.

-   Ah bon ? Alors, je vais te faire partager mon point de vue, me dit-elle. Tu vas te faire une éjaculation-faciale.
-   Difficile, non ? Je ne dis pas non mais je ne vois comment réaliser à coup sûr cette performance.
-   Mais si, je vais t'aider.

La voilà donc partie dans la chambre chercher le stimulateur prostatique (qu'elle m'a offert). Ce jouet permet en appuyant sur la prostate de la stimuler et de rendre le plaisir plus intense mais surtout l'éjaculation plus abondante.

Une fois l'objet inséré, elle me fait me retourner sur le canapé, la tête en bas et le bassin sur le dossier. Je vois toujours le film certes, mais c'est surtout l'alternance de sa bouche et de se mains sur mon sexe qui provoquent l'érection. Les contractions involontaires de mon périnée sur le stimulateur prostatique renforcent la sensation de plaisir qui devient étonnamment puissante lorsque l'objet en question presse mon fameux point P (équivalent chez l'homme du point G féminin).

Quand elle sent que je suis sur le point de jouir, elle oriente mon phallus vers mon visage et je vois bien en face mon gland me contempler d'un regard interrogateur que je lui rends bien jusqu'au moment où par saccades répétées j'éjacule abondamment sur mon visage.

Bien sûr, j'ai eu le réflexe de fermer les yeux. Je sens la chaleur du sperme sur mon front, mes paupières, mes joues et ma bouche. C'est loin d'être désagréable tant que ça ne refroidit pas. Avant que je n'ai essuyé mon visage (et passé un coup de langue sur mes lèvres pour me goûter) ma compagne a immortalisé la scène à l'aide de la caméra de son téléphone.

Les anglo-saxons ont baptisé encore une fois d'un mot français un acte de la sexualité, c'est ainsi que l'éjaculation faciale devient un 'mardi-gras' chez eux. Pour ma compagne et moi, ce jour-là est donc devenu le 'samedi-gras'.

15 – LE BAIN

Nous avons depuis longtemps privilégié de prendre le bain ensemble. Ce n'est pas à chaque fois un épisode érotique mais c'est toujours un moment de sensualité que nous aimons faire durer.

En règle générale, le bain se prend le dimanche en fin d'après-midi ou en début de soirée. Autrefois, réservé aux fraîches soirées d'hiver, le bain est devenu rituel dès que les jours raccourcissent avant même que l'automne ne se soit installé.

Le moment ne s'improvise pas, il se prévoit. Chacun range ses outils de jardin, outils de travail, lectures ou passe-temps pour n'avoir ensuite plus rien d'autre à faire que se consacrer à lui-même et à l'autre, donc à notre couple.

La préparation du bain demande une panoplie de produits destinés plus à se faire bichonner qu'à prendre soin de la peau. Le savon de hammam est obligatoire, outre son aspect doux et velouté, il dégage des fragrances d'eucalyptus qui nous renvoient à des souvenirs partagés de moments plus ou moins coquins dans des saunas et bains de vapeur. Le parfum du savon de hammam est devenu quasi-aphrodisiaque pour l'un comme pour l'autre car il augure un moment d'abandon aux caresses et aux nombreux 'plus' de nos affinités. Je soupçonne que pour moi, au moins, le gel gommant et l'argile pour masque désincrustant ne sont que des alibis destinés à justifier la nécessité du bain en lui fournissant des mobiles esthétiquement justifiables.

J'aime le bain pour me retrouver nu face à elle nue dans la baignoire. Pour ce moment de pure sensualité où l'intimité est totale. Chacun offre à la vue de l'autre toutes les parties de son corps sans pudeur ni retenue sans pour cela attendre quoi que ce soit d'autre que du savonnage, du soin et du bien-être.

Quelle est la différence avec le sexe ? Justement, c'est énorme. Le sexe et le bain sont deux climats distincts. Quand nous faisons l'amour, le but du jeu pour l'un comme pour l'autre est de donner du plaisir, et si possible un orgasme, à l'autre et d'en jouir tout autant. Dans le bain, par contre, l'important est la sensualité pure sans l'obligation ou le sous-entendu d'orgasme ou de jouissance comme but de l'activité. Bien sûr, avec nos tempéraments, ça dérape parfois et le bain s'agrémente alors de jeux coquins voire carrément pornos. Tout dépend de l'état d'esprit de l'un, de l'autre et souvent des deux avant même de remplir la baignoire.

C'est justement ce qui me passe par la tête cette après-midi froide et pluvieuse quand toute la journée s'est mollement passée au chaud et l'abri des rafales de vent glacé chargé de giboulées de pluie et de grêle. Je mets en route le radiateur soufflant de la salle de bain et pendant qu'elle chauffe je vais chercher le vibromasseur étanche que j'ai acheté spécialement pour le bain. C'est un vibro classique en jelly bleue, sa seule particularité est d'être totalement étanche pour fonctionner sous l'eau. Douche ou bain, rien ne lui fait peur. Pourquoi l'un de nous va parfois le chercher ? Qu'est-ce qu'il en attend alors ? Du jeu ! Et c'est déjà beaucoup. Le jeu peut être que le jouet soit utilisé sur soi, partout sur soi, ou sur l'autre, partout sur l'autre. C'est selon l'humeur et l'ambiance du moment. Il n'y a pas de tabou. Partout où le vibromasseur peut se promener et dispenser ses vibrations, il se promène et vibre gentiment ou ardemment, c'est selon la zone à stimuler et l'effet recherché. Il glisse facilement grâce à sa texture en jelly, la mousse et l'eau chaude du bain. Il caresse, explore, sonde et fouille parfois comme un dauphin qui plongerait et replongerait sur un récif de peau, se frottant à sa surface lisse et satinée, explorant des grottes parfois sous-marines parfois émergées.

S'il m'arrive de poser notre joli vibro sur le rebord de la baignoire comme une invite phallique à une séance de jeux, cette fois-ci je le jette dans le bain qui coule et le vois disparaître sous la mousse. Je ne sais lequel des deux le découvrira sous quelle partie du corps en se plongeant dans le bain. Je sais que si je le sens sous ma cuisse, je m'arrangerai pour le glisser sous la sienne pour qu'elle sente mon envie de jouer sans que j'aie à la formuler. Si c'est elle qui le découvre, je sais qu'elle sourira et le pêchera avec un regard gourmand que j'anticipe déjà. L'idée qu'elle le découvre et dévoile ainsi mes intentions m'excite déjà. J'ai hâte d'être nu dans le bain avec elle mais avant de me déshabiller et d'enfiler un peignoir, je sors de la salle de bains pour aller chercher ma compagne qui est restée dans le salon.
Je sors de la salle de bains pour aller la chercher elle, mais en passant devant l'entrée, je la vois en train de faire la bise à son amie Brigitte qui vient d'entrer.
Brigitte, c'est une longue histoire de complicité féminine avec ma compagne. Brigitte est la super copine avec qui elles se disent tout ce que des femmes peuvent se raconter. Quand elle est avec Brigitte, je sais que mes oreilles vont siffler et même si c'est mon imagination, je crois toujours qu'elles rient de moi et s'amusent à parler de ma sexualité puisque Brigitte a monté son entreprise de vente de lingerie coquine et de sex-toys, et que Brigitte est le fournisseur officiel de notre couple –enfin de ma compagne- en articles de sex-shop.
Brigitte est entrée trempée car elle a marché sous la pluie pour venir s'abriter au chaud chez nous. Elle s'est disputée avec un mec rencontré la veille mais, comme elle était avec lui dans sa voiture à lui et qu'ils se sont engueulés, elle est descendue de voiture à proximité de chez nous et ne veut pas revoir ce connard. Brigitte voulait nous demander de la ramener chez elle.
Je me propose de la ramener mais seulement, il faut que j'arrête le bain qui coule. Quand elle entend 'bain qui coule' Brigitte nous fait un regard de cocker mouillé (c'est le cas) et demande à ma compagne si elle peut profiter de la baignoire. Brigitte a froid, Brigitte est trempée et elle n'a pas de baignoire chez elle. En plus, Brigitte a envie de parler. Alors j'entends ma compagne proposer à Brigitte de

prendre son bain chez nous. Je n'ai plus pensé au vibromasseur dans le fond de la baignoire. J'ai vu ma compagne et Brigitte s'engouffrer dans la salle de bains pendant qu'elles me lançaient par-dessus l'épaule :
-   Fais un thé bien chaud, ou non, plutôt un grog !

Je suis allé faire le grog qui allait réchauffer Brigitte, j'ai frappé à la porte de la salle de bains, ma compagne est venue m'ouvrir. Brigitte était dans le bain sa nudité dissimulée sous la mousse. Ma compagne m'a demandé de lui apporter un thé à elle aussi et quand je suis revenu avec le thé, les deux femmes étaient dans le bain.
J'aurais aimé les rejoindre. J'étais frustré de voir mon espoir de bain s'effacer, la baignoire ne peut accueillir trois personnes, mais ma compagne m'a congédié en me lançant « Tu peux t'en aller s'il te plaît, on a tout ce qu'il nous faut » et en brandissant notre joli vibromasseur en jelly bleue.

J'ai attendu longtemps qu'elles sortent du bain, j'ai imaginé des tas de conversations, de rires et de jeux entre celle que j'aime et son amie que j'apprécie. A chaque fois que j'y pense, je suis totalement excité par ce qui s'est passé, ou ce qui aurait pu se passer entre elles dans le bain. J'aurais aimé qu'elles m'en parlent ou qu'au moins ma compagne me raconte, mais j'attends encore et j'avoue que ça m'excite toujours. Outre leurs jeux qui ont ou n'ont pas été, je suis également émoustillé par l'idée que Brigitte sache que je mets parfois un vibromasseur dans la baignoire. Je ne peux plus rencontrer Brigitte sans penser à ce vibro et au bain.

16 – TANGAGE ET ROULIS

Voilà c'est ainsi, il nous faut prendre le ferry pour traverser la Méditerranée. Ce n'est pas une croisière d'agrément, juste un passage mais qui nous fait passer la soirée et la nuit sur le navire. Bref ce pourrait être une mini-croisière avec dîner et soirée à bord, cabine privative avec salle de bain et hublot, sur un navire moderne et confortable avec restaurants, boutiques, discothèque…

Ça pourrait être idyllique ou du moins enthousiasmant si ce n'est qu'Elle est malade en mer. Pas malade-malade si la mer est calme, mais suffisamment malade pour devoir rester couchée et bouger le moins possible même par mer d'huile. Je pense que c'est plus psychologique qu'autre chose et que juste l'idée de mettre le pied à bord d'un truc qui flotte l'angoisse. D'ailleurs, elle est angoissée pendant que nous terminons les valises. Nous avons regardé plusieurs fois des bulletins météo divers, elle sait que la mer sera calme, qu'il n'y aura pas de vent mais c'est plus fort qu'elle, elle est nerveuse, tendue, angoissée.

- Je t'ai pris un truc pour pas que tu sois malade, lui dis-je
- Ah non ! Tu sais bien que les anti-nauséeux me rendent encore plus malade. J'ai tout essayé, tu sais bien. Ne me dis pas que tu avais oublié

Elle est agressive parce qu'elle est tendue, je ne relève pas la tentative inconsciente de créer un conflit. Avant, j'aurais immédiatement pris des tours et lui aurais répondu un truc cinglant en copiant mon ton sur le sien, voire en en rajoutant un peu pour affirmer ma virilité. Maintenant, j'écoute davantage ce qu'elle ressent et moins ce qu'elle dit. Mais ce que je vais lui proposer risque de ne pas être facile. J'use donc de stratégie :

- C'est un truc différend, que tu toléreras bien, je te le promets
- Pff… Des bracelets magiques ? Des gris-gris ? Des boucles d'oreille ? Tu es sûr que c'est efficace ?
- Essaie, qu'est-ce que tu risques ? Promets-moi d'essayer, fais-moi confiance.

Confiance. Le mot est lâché ! Entre nous c'est devenu un contrat tacite. Aucun de nous ne sait quand ça s'est instauré mais c'est comme ça. Dès que le mot est sorti, l'autre suit sans rechigner et sans méfiance. A-t-elle le choix ? Non plus maintenant, elle est dubitative mais elle va suivre, c'était ma stratégie.

Je lui tends une petite boîte en plastique en lui faisant promettre de suivre ma prescription : « deux tout de suite ».

Dans la boîte : deux boules de geisha en acier médical. Pas très grosses, assez lourdes, lisses et brillantes. Elle reconnaît tout de suite ce que c'est. Nous n'en avons jusqu'alors jamais utilisé mais je les avais achetées pour elle un jour où je furetais sur les sites de sex-shops en ligne. Elle cherche à se défiler en me disant un peu tout et rien : que ça ne peut pas marcher, qu'elle ne va pas porter ça durant toute la traversée, etc… Je l'ai laissée parler sans répondre tout en lui prenant les boules des mains pour les chauffer dans ma main. Quand elles ont été à température, je suis allé lui chercher un tube de lubrifiant. « Fais-moi confiance » je lui ai répété.

Je suis allé mettre les valises dans la voiture et nous avons fermé la maison. Elle ne semblait pas perturbée ni émoustillée par les boules qui devaient rouler et s'entrechoquer en elle.
Quand nous sommes arrivés sur le bateau, j'ai fait exprès de visiter les bars et le salons après avoir déposé nos affaires dans la cabine. Escaliers pour monter sur le pont promenade, escaliers pour descendre au bar, escaliers pour aller au restaurant…

Je reconnais avoir multiplié les déplacements en jetant par ci par là des regards en arrière pour la voir. Elle marchait plus lentement que d'habitude et semblait s'essouffler par moments.
Je n'aurais pas su ce qu'elle portait en elle, je me serais inquiété : souffle court, rougeur du visage, ralentissements dans la marche et quelques pauses sur les paliers auraient pu alerter un cardiologue ou un médecin. Fort heureusement pour elle, aucune des personnes que nous avons croisées ne s'est inquiétée.
 Le car-ferry avait appareillé depuis une heure au moins quand nous avons fini de dîner. Elle a mangé comme jamais elle ne l'avait fait à bord d'un navire, quand je lui ai proposé d'aller boire un digestif au bar, elle m'a demandé d'aller plutôt nous coucher tout de suite.

La porte de la cabine refermée sur nous, elle m'a collé contre elle et m'a embrassé à pleine bouche.
- Viens, j'ai envie de toi.

Elle a ôté les boules et nous avons fait l'amour goulûment. Il n'y a pas eu besoin d'entamer quelques préliminaires que ce soit tant elle était trempée et sa lingerie aussi.
Quand elle a eu un superbe orgasme, je l'ai félicitée mais elle m'a avoué que c'était au moins son cinquième depuis que nous avions quitté la maison.

Je crois bien qu'elle ne sera jamais plus malade en bateau tant le souvenir de cette traversée lui a fait perdre ses appréhensions. Je ne sais pas si elle a réutilisé les boules de geisha depuis, lors de la traversée retour ou à tout autre moment.

Ce que je sais, par contre, c'est qu'elle ne m'a pas redonné les boules et qu'elle a voulu que nous appelions notre nouvelle chatte 'geisha'.

17 – MIROIR, MON BEAU MIROIR

Nous sommes allongés sur le lit.

C'est l'après-midi et nous avons décidé d'avoir du sexe ensemble. Nous apprécions l'un et l'autre la disponibilité qui est la nôtre de pouvoir nous adonner aux plaisirs du sexe à peu près quand bon nous semble. Si certains couples attendent religieusement qu'il fasse nuit, que les enfants soient couchés et la journée terminée pour enfin se retrouver, nous avons la chance que nos enfants soient grands, qu'ils aient quitté la maison et surtout que nous ayons compris. Nous avons compris qu'il est important de dire et de faire sentir à l'autre qu'on a envie de lui plutôt que de se taire et d'attendre le moment du coucher pour lui témoigner. Ça ne vous arrive pas à vous d'avoir envie de l'autre, ou juste envie de sexe, là maintenant tout de suite ?

Attendre c'est se frustrer. Même inconsciemment, la frustration va transparaître dans l'humeur et le ressenti. Passez la journée ou quelques heures avec cette frustration latente et le moindre différend deviendra dispute. Ton trop haut, voix aiguë, l'irritabilité est présente sans même qu'on s'en aperçoive soi-même mais pendant ce temps-là, l'autre la ressent. Inconsciemment aussi, il se sent agressé et se mettra sur la défensive ou sur l'attaque pour répondre à une menace qu'il n'a pas identifiée mais qu'il a ressentie. Donc nous nous gardons bien de nous cacher nos envies qu'il s'agisse d'une caresse ou de plus selon l'évolution du moment d'intimité.

Nous avons donc un jour décidé que chaque désir doit être exprimé. Juste en parler c'est déjà énorme pour éviter la frustration, le partage apaise. Si c'est possible, on se donne du plaisir ou on prend son pied ensemble ou séparément mais soit en présence de l'autre, soit dans sa confidence. Attendre le soir, lorsque ce n'est pas indispensable serait rajouter de l'attente à la frustration ; et puis, qui dit que le soir on aura encore envie ? Un film devant lequel on s'endort ? Une soudaine fatigue ou une mauvaise nouvelle et on remet au lendemain. Moralité la frustration se démultiplie et on finit par en vouloir à l'autre, à soi, au mauvais film, à l'ami qui débarque, au monde entier… Alors non ! Le sexe est le meilleur euphorisant que nous connaissons et nous nous le prescrivons mutuellement à la condition que la posologie soit adaptée à l'état de chacun. Car les désirs ne sont pas les mêmes et lorsqu'ils sont comparables ils ne surgissent pas au même moment chez l'un et chez l'autre. Parfois, c'est elle qui a envie, alors je la masse, je la caresse, je l'embrasse, la lèche, la pénètre quand elle le demande et la fais jouir si elle le souhaite ; mais parfois, elle n'a envie que de câlins, de douceur et de sensualité mais pas d'orgasme ; et puis parfois encore tout commence soft et elle finit par réclamer ce dont elle ne voulait pas jusqu'alors.

Cette fois-ci c'est moi qui avais envie et mon envie peut ressembler à la sienne, ou pas. De quoi avais-je envie ? Je ne sais pas. De sexe mais de quoi en sexe ? Qu'elle me caresse, me masturbe, me prenne dans sa bouche ? De me caresser devant elle ? De jouir ou juste d'éjaculer ? J'avais envie d'un câlin gourmand et j'aime ne pas être fixé mais de découvrir ce qu'elle a envie de me faire.

Je veux une surprise 'garçon'. Le grand cornet de papier bleu que je déballerais avec avidité sans savoir ce qu'il y a à l'intérieur. Acheter une surprise c'est acheter du rêve. Le bonheur n'est jamais dans l'objet caché mais dans le secret qu'on y découvre, qu'on ne veut même pas imaginer encore afin de prolonger davantage le frisson du suspense.

Aujourd'hui cette surprise, je l'ai achetée en lui demandant ce câlin ; mais parfois c'est elle qui m'offre la surprise en me demandant ce câlin. Et là, la surprise est encore meilleure parce qu'elle me l'a offerte. Je sais qu'il peut en être pareil pour elle, en lui demandant ce câlin, elle pense savoir où elle va mais ne le sait pas. Nombre de fois, c'est celui qui a été démarché qui se découvre une avidité insoupçonnée, qui se découvre être en plus grand appétit encore que le demandeur.

Elle m'a fait mettre nu mais est restée habillée. Elle sait que j'apprécie cette posture. Elle totalement habillée et moi totalement nu, elle debout et moi allongé sur le lit, offert, en attente, curieux et affamé. Elle apprécie aussi l'inverse quand elle vient nue se coller contre moi alors que je suis habillé. Le décalage renforce l'érotisme de l'instant. En plus, je bande. Ça c'est magique. Elle est debout, habillée comme elle pourrait être n'importe où : au bureau, dans les magasins ou dans la rue et moi, je suis nu en érection, impudique et obscène. Terriblement mâle devant cette femme encore plus femme parce que vêtue en femme, maquillée en femme et chaussée en femme. Pas en femelle par opposition au mâle mais en femme comme on les croise au bureau, dans les magasins et dans la rue.

Elle s'est agenouillée sur le lit et penche sa bouche vers mon sexe tendu vers ses lèvres. Je palpite, j'ai hâte de sentir la douceur de ses lèvres approcher mon gland distendu, de sentir plonger mon sexe dans la chaleur humide de sa bouche et de découvrir quelles techniques elle appliquera aujourd'hui. Mais avant qu'elle m'engouffre en elle, j'attire le grand miroir sur pied et l'approche du bord du lit à la hauteur de mon sexe.

- Tu veux voir ? Me demande-t-elle
- Non, c'est pour toi. Je veux que tu te voies en train de me prendre dans ta bouche. Je veux que tu en profites comme j'en profite aussi quand je te regarde pendant la fellation.

Alors elle a commencé. Doucement, comme d'habitude, mais au lieu de me regarder ou de garder les yeux mi-clos à savourer ce moment que nous apprécions tous deux, elle s'est regardée. Elle a vu la beauté de ses lèvres peintes de rouge monter et descendre autour de ma hampe. Elle a joué de sa langue en regardant dans le miroir l'endroit exact où elle se posait sur mon phallus, mon gland, le frein, le filet…J'ai vu dans le regard qu'elle lançait à son reflet que c'était la première fois qu'elle se voyait vraiment en train de sucer un homme et qu'elle appréciait de se voir autant femme qu'elle le ressentait par sa bouche.

J'ai voulu l'arrêter avant que je jouisse afin de la déshabiller et que nous faisions l'amour parce que je la sentais très excitée par cette vision d'elle et de nous. Mais je n'ai pas pu. Elle a voulu aller jusqu'au bout et m'a fait jouir en regardant ma semence jaillir juste devant son visage sans jamais quitter son reflet des yeux.

Je sais que dorénavant, à chaque fois qu'elle me prend dans sa bouche elle conserve à l'esprit cette image d'elle qui ne s'était jamais vue ainsi et qu'elle en retire du plaisir. Au moins tout autant que moi qui l'aie vue fascinée par son image de fellatrice.

18 – LA VOISINE, LE RETOUR

Un jour, la voisine a frappé à la porte. Elle n'était pas seule mais avec l'amie avec qui elle marche tous les jours. Nous voyons souvent passer ces deux femmes qui, quel que soit le temps, vont marcher une demi-heure, trois quarts d'heure chaque jour. Nous imaginons qu'elles font toujours le même parcours, de chez la première jusque chez l'autre puis ensemble jusqu'au port voir les bateaux et, peut-être quand il fait beau, prendre un thé ou une glace en terrasse d'un des cafés du port. Le port est proche, la pente est faible, tout ce qu'il faut pour que ces deux grands-mères (75-80 ans chacune à vue d'œil) puissent faire un exercice facile sans se fatiguer.
Notre voisine, l'une de ces deux femmes, avait une fois découvert notre intimité lors d'une séance d'épilation intime dont je me souviens encore. J'étais allongé sur le dos, nu sur le lit, quand elle est rentrée dans la chambre en même temps que ma compagne qui revenait avec la cire dépilatoire. Je me souviens toujours, à chaque fois que je vois cette femme, de son naturel et de sa décontraction en me voyant ainsi exhibé. Elle n'avait pas fait l'effarouchée mais avait continué à papoter avec ma compagne comme si de rien n'était. Pire que ça même, puisqu'elle avait posé des questions sur la manière d'épiler et tout ça devant mon sexe provocant. J'apprécie qu'à chaque fois que je croise cette femme dans le quartier, alors que je la salue poliment, elle me rende mon salut avec un sourire franc et jamais calculé. J'aurais pu redouter un sourire sardonique, une mimique salace mais point. Je crois qu'elle avait apprécié le spectacle en femme qui ne craint pas les choses du sexe, ne s'en offusque pas mais les considère comme naturelles, normales et évidentes.

Ce jour-là, alors que je travaille dans mon bureau, ces deux femmes viennent frapper à la porte. Je laisse tomber mon travail et vais les accueillir avec ma compagne. La voisine nous présente son amie, Marie-Chantal qui travaillait à la Sécu, qui est en retraite, qui marche tous les jours avec elle, qui est sa meilleure amie etc…Puis ça parle de la Sécu, de la retraite, de sa maison pas très éloignée de la nôtre, de la marche, du port et des terrasses des bistrots du port etc… J'avoue que quand ça commence à parler du temps qu'il fait de l'avancée de la saison et de la précocité des bourgeons, moi, je pense à mon travail, à ce que je faisais et comment je vais le continuer. De fait, quand ma compagne propose de prendre le thé, je présente des excuses et commence à m'éclipser en prétextant une urgence à finir mon travail. Ça tombe mal, puisque la voisine me prie de rester. « Il faut que nous parlions et que vous soyez présent » me dit-elle. Alors je m'assois et attends qu'elle me parle mais elle ne parle pas jusqu'à ce que ma compagne revienne avec le thé et des gâteaux.

Quand ma compagne revient, la voisine commence à raconter l'histoire de son amie.

Marie-Chantal a 76 ans et Marie-Chantal est vierge. La Marie-Chantal en question regarde ses mains qui se tordent sur son giron pendant que son amie parle. Marie-Chantal a bien rencontré des hommes, notamment des collègues de travail, mais ils étaient tous mariés ou en instance de l'être et aucun ne lui a fait la cour. Marie-Chantal n'a pas peur des hommes mais elle ne les connaît pas. Or, Marie-Chantal a rencontré un galant de son âge (un petit jeune de 71 ans) avec qui elle se verrait bien faire un bout de chemin. L'homme possède un joli appartement alors que la maison de Marie-Chantal est trop lourde à entretenir, il a une bonne retraite et elle pense bien qu'elle l'aime et que lui l'aime aussi. Le hic, c'est que le petit jeune de 71 ans est encore bien vert et qu'il va bien finir par penser à la gaudriole, sauf que, si Marie-Chantal n'a rien contre l'idée de passer à la casserole, elle aimerait bien savoir à quoi ressemble la casserole et surtout comment est faite la queue de la casserole….

En bref, dit la voisine à ma compagne, on voudrait bien que votre ami (moi) fasse voir à Marie-Chantal l'objet en question et qu'on puise lui expliquer comment ça marche. Juste voir, pas toucher, juste voir afin que Marie-Chantal n'ait pas l'air trop nunuche avec son prétendant.

Marie-Chantal semble ne plus savoir où se mettre lorsque son amie a terminé sa requête. Elle n'a pas touché à son thé et a gardé la tête baissée et le teint écarlate. Ma compagne et moi ne sourions pas devant la détresse qui semble habiter cette femme malgré l'incongruité de la demande qui nous est faite. Enfin qui lui est faite car depuis le début de la tirade de la voisine, j'ai l'impression d'être un meuble puisque la voisine s'est toujours adressée à ma compagne mais jamais à moi. Je ne lui en tiens pas rigueur, je comprends que malgré qu'il s'agisse de mon intimité, cela reste une affaire de femmes.

Je vais pour dire ce que j'en pense en tant que principal intéressé quand Marie-Chantal sort de sa réserve et s'adresse à nous deux sur un ton poignant:

- Je ne veux pas apparaître comme une vierge effarouchée. Je suis vierge, c'est un fait, c'est ma vie et elle est comme ça. Je suis vierge, il le saura mais je ne veux pas être ridicule. Je ne vous demande pas de coucher avec moi, juste de me faire voir un sexe d'homme en vrai. A quoi ça ressemble et comment ça marche. Vous l'avez bien fait pour mon amie, elle me l'a raconté, alors pourquoi pas pour moi ? Et puis, vous savez, à l'âge que j'ai, si ça ne marche pas avec lui, ça ne marchera avec aucun autre homme. Je n'ai pas envie de mourir sans avoir vu ça en vrai. Je pourrais voir des films, mais je ne veux pas que ma vie soit un film, je veux la vivre.

- D'accord ! Dit ma compagne sans même me consulter.

J'avoue que je suis un peu estomaqué. Ces femmes ont discuté devant moi de ce que j'ai de plus personnel sans même s'adresser directement à moi, mais de plus, ma compagne accepte de m'exhiber sans me demander mon avis. Même si j'ai été surpris, je suis aussi charmé que ce soit elle qui décide de me montrer nu à Marie-Chantal et à son amie. Nous avons fait un pacte tacite elle et moi depuis plusieurs années : mon sexe est à nous deux, si j'en ai la propriété c'est elle qui en a l'usufruit. Je le porte et elle en joue. Et c'est ce qu'elle va faire puisque déjà elle dégrafe ma ceinture. J'hésite à continuer moi-même et la laisse poursuivre, non pas que j'aie de complexe avec la nudité, ni avec une certaine forme d'exhibition, non mais je ne sais pas si faire découvrir ainsi un sexe d'homme à Marie-Chantal ne va pas lui gâcher la découverte de son futur amant. Que je risque malgré moi de briser son innocence, de ruiner la magie du conte de fée et qu'elle pourrait m'en vouloir davantage que m'en être reconnaissante.

C'est ainsi que je me suis retrouvé nu sur le canapé du salon à expliquer à quel point les bourses sont sensibles à la pression mais douce à la caresse, à détailler ma propre anatomie et le vocabulaire qui va avec. Comment apparaît le gland sous le prépuce, sur quelle longueur l'actionner pour ne pas trop tirer sur le filet… Et puis ma compagne et ma voisine ont raconté comment on sentait venir les spasmes à travers ses doigts, sa bouche ou son sexe. La discussion était très technique et je me suis surpris à suivre les débats sans plus d'autre conscience de ma nudité et de mon exposition. Tout en parlant, ma compagne caressait distraitement mon sexe et quand celui-ci fut en érection sous le regard émerveillé de Marie-Chantal, elle lui a proposé de s'approcher et de le prendre en main. Sa petite main ridée s'est posée comme un oiseau sur mon sexe tendu et ma compagne a continué ses caresses, sa main enserrant celle de la vieille dame autour de mon sexe tout dur. Elle a initié cette femme à la consistance d'une érection d'homme, à la caresse d'un sexe d'homme et leurs deux mains jointes m'ont fait jouir pour que Marie-Chantal sente sous ses doigts comment monte une éjaculation et qu'elle la voie se produire. Mon sperme a coulé sur les mains de ces femmes. Puis ma compagne a invité Marie-Chantal à en regarder la couleur nacrée, à en sentir cette odeur si spécifique presque alcoolisée et à en goûter ce goût si particulier.

En se levant pour partir, Marie-Chantal avait les larmes aux yeux tant elle était émue et reconnaissante. Quant à ma compagne, j'ai senti à quel point elle était fière de son action. Non seulement elle faisait preuve de générosité mais en plus elle manifestait sa féminité, sa connaissance du mâle et son emprise sur moi.

- C'est si facile de faire plaisir qu'il aurait été dommage de les en priver. Non ?
Me dit ma compagne avec un baiser en refermant la porte d'entrée.

PS : Marie-Chantal n'a pas couché avec son galant, en fin de compte, ma voisine l'a hébergée chez elle et les deux femmes vivent ensemble dorénavant. Nous en avons parlé avec ma compagne, peut-être que nous nous sommes fait abuser par la voisine qui avait juste promis à son amie ce cadeau avant d'entamer une vie commune. Je croise parfois ces deux femmes lorsqu'elles sont en promenade, nous nous faisons la bise maintenant.

19 – L'OUVRAGE

On avait un peu picolé ce soir-là. Au restaurant d'abord, puis à la maison en rentrant. Brigitte nous avait proposé de sortir avec elle et son nouvel ami afin de nous le présenter. Ma compagne et Brigitte sont les meilleures amies du monde et se racontent tout. Alors si un nouvel homme dans la vie de Brigitte n'est pas un scoop, lorsque l'histoire semble devenir sérieuse, Brigitte le présente à ma compagne, si possible en ma compagnie afin que je donne, moi-aussi mon avis sur le nouveau.
La soirée s'était bien déroulée, le mec sympa, l'ambiance détendue, la cuisine et le vin étaient bons, et nous en étions aux alcools à la maison quand, bien évidemment avec Brigitte, la conversation est descendue d'un cran, juste sous la ceinture. Comment en est-elle arrivée là, cette fois ? Juste parce que nous avions parlé de l'âge et de nos petits bobos de seniors. Douleurs articulaires dues à de mauvaises entorses ou fractures, cancer du sein pour l'une, prothèse de hanche pour l'autre… Des choses réglées, guéries peu ou prou, en rémission, mais des petits tracas parfois invalidants. Brigitte avait bien sûr évoqué que ça pouvait handicaper pour le sexe et notamment interdire des positions. On en a plaisanté abondamment jusqu'au moment où Brigitte a émis l'idée de rédiger un kamasoutra pour les seniors. Ce guide permettrait aux gens âgés de trouver des positions variées mais sans douleur afin de pratiquer le sexe sans se faire mal selon leurs différentes séquelles. A en rire et à en plaisanter ainsi de son projet incongru, nous avons –alcool aidant- dit que nous serions prêts à collaborer au guide en décrivant nos positions au lit et ailleurs voire même à poser pour son guide si elle le souhaitait. Ça tombait bien, le nouveau compagnon de Brigitte s'y connaissait bien en photo et il avait pas mal de matériel.

Nous avions presque oublié cette promesse alcoolisée quand, quelques semaines plus tard, Brigitte nous a téléphoné pour nous dire que c'était signé. Signé ? Qu'est-ce donc qui est signé ? Son livre pardi, son guide du 'kamasoutra pour les seniors'. L'éditeur avait été emballé par l'idée, il avait flairé le bon plan et Brigitte avait même négocié une avance. A l'heure où le plaisir est un droit accessible à tous, où les résidences services fleurissent, le marché du sexe et celui des seniors sont porteurs, alors combiner les deux c'est assurément très rentable. Seulement, Brigitte n'avait pas budgétisé l'engagement de modèles ou d'acteurs puisque nous nous étions prêts à faire les photos. Alors, maintenant, elle voulait fixer la date du shooting qui se déroulerait dans la suite d'un hôtel de luxe. Elle avait le photographe, le studio, le script, il ne lui manquait que les modèles.
J'avoue que nous n'y sommes pas allés de bon cœur dans cet hôtel. Mais une parole est une parole même dite sous griserie, et puis c'est Brigitte, son engagement auprès

de l'éditeur, sa crédibilité, son projet. Elle est notre amie et nous n'allions pas la laisser tomber.

Jusque dans la suite ça allait encore, un peu d'appréhension certes mais un peu d'excitation aussi. Juste le bon cocktail pour déclencher de l'adrénaline et de l'ocytocine. C'est une fois dans la suite que nous avons vraiment pris conscience que nous ne serions pas seuls, qu'il y avait Brigitte, son ami photographe et une petite esthéticienne et qu'il allait falloir mimer devant eux des positions sexuelles. La suite était louée pour la journée et la nuit, certes, mais la lumière étant meilleure en journée, il fallait nous dépêcher de nous déshabiller pour que l'esthéticienne nous maquille.

C'est comme ça qu'on s'est retrouvés ma compagne et moi à poil devant la jeune femme qui nous passait sur le corps des crèmes et du fond de teint pour que la peau prenne la lumière, qu'elle ne brille pas et plein de trucs dans le même genre. Nous avons commencé sur le grand lit queen-size de la chambre. Pour la plupart des prises, je n'avais pas besoin d'avoir une érection car mon sexe était masqué par le corps de ma compagne durant les prises de vues. Mais pour certaines autres, il me fallait bander pour que le futur lecteur ou lectrice voie que la pénétration était possible et se faisait. L'éditeur avait insisté pour que ce soit chaud, pour que les papys et mamys soient stimulés par ce guide, eux qui ne se reconnaissent pas dans le porno des p'tis jeunes. Il n'y avait que pénétration, sans mouvement, rien, nous n'étions pas là pour faire l'amour mais juste pour prendre des photos. Il n'empêche, il me fallait de la rigidité !

Ma compagne et moi-même faisions régulièrement le nécessaire pour tenter d'oublier que trois paires d'yeux nous regardaient. Je me suis caressé, elle m'a caressé, elle m'a pris dans sa bouche plusieurs fois pour faire remonter la jauge de mon moral et nous avons utilisé pas mal de lubrifiant. Tout se passait assez bien malgré tout surtout pour des non-professionnels. Brigitte nous expliquait comment nous placer, où passer une jambe ou un bras ; le photographe prenait une dizaine de clichés sous des angles différents et puis on passait à la pose suivante.

Sauf qu'à un moment, Brigitte lui ayant fait une remarque de trop, ma compagne lui a lancé un « tu n'as qu'à le faire si tu es si maligne ». Il n'en fallait pas plus à Brigitte qui a laissé tomber son script, s'est déshabillée et s'est soumise au maquillage. Quand elle est revenue dans la chambre, nue et maquillée, ma compagne a enfilé le peignoir de Brigitte, a pris le script et nous a dicté les positions à adopter. Elle a été très professionnelle dans ce rôle-là aussi.

Le shooting a continué avec Brigitte que j'ai pénétrée un certain nombre de fois, mais avec qui je n'ai jamais fait l'amour. On a continué sur le lit, puis dans la salle de bains, dans la baignoire, sous la douche, dans le salon et même sur le balcon. Il fallait tout mettre en scène : coït, fellation, cunnilingus. Au début, j'ai un peu craint la réaction de ma compagne à me voir ainsi entre les jambes de Brigitte ou avec mon sexe dans sa bouche. Mais en fin de compte, à aucun moment, elle n'a montré de signe d'une gêne ou d'un malaise. Je me demande même jusqu'à quel point elle n'était pas excitée par le fait de nous dicter quoi faire et comment le faire. Son fantasme de dominatrice devait lui apporter un certain plaisir à manipuler nos intimités. Pour ma part, j'avoue qu'être sous ses ordres tout en ayant une activité sexuelle sous ses yeux avec sa meilleure amie m'a tellement stimulé que je n'avais plus besoin de me faire remonter le moral. La bouche de Brigitte, l'odeur de son sexe trempé, sa main qui me guidait en elle et tout ça avec l'approbation, l'invitation même, de ma compagne me dynamisaient.

La dernière scène tournée, ma compagne et mi sommes allés nous démaquiller le corps et prendre une douche dans la superbe salle de bains de la suite. Quand nous en sommes sortis, après avoir fait l'amour sous l'eau chaude tant nous étions excités, nous avons en traversant la suite remarqué que sur le lit, Brigitte, son ami le photographe et la petite esthéticienne étaient en train de mettre en pratique ce que nous leur avions montré. Nous avons refermé la porte sur leurs ébats, malgré l'invitation à se joindre à eux, et sommes rentrés bien sagement à la maison comme deux seniors qui se respectent…

20 – PROMENADE

J'avais lu que selon de nombreux sondages, le fantasme féminin le plus populaire était de faire l'amour en pleine nature. Je ne crois pas que ce soit la tendance à l'écologie qui motive ces dames mais plutôt l'idée de pouvoir être aperçues par des promeneurs.

Est-ce de l'exhibitionnisme ? Peut-être, mais alors non avoué, du style : « j'aimerais bien l'idée qu'on puisse me voir, mais je ne ferais rien pour qu'on me voie, mais ça serait bien que qu'on me voie, car j'en tirerais un plaisir certain que je n'ose m'avouer… » Bref, un fantasme !

Je n'ai pas voulu parler de ces sondages à ma compagne. Je pense qu'elle est assez grande pour me dire ce qui la fait frémir et taire ce qu'elle n'ose s'avouer. C'est sa pudeur, un jardin secret qu'elle ne me cache pas, mais qu'elle souhaite cultiver à l'abri de mon regard afin peut-être un jour de m'y inviter lorsqu'il sera fleuri et embaumant à son goût. En attendant, ce jardin est sa chose à elle. Tenter d'y entrer sans y être invité explicitement pourrait être ressenti comme une sorte de viol de son intimité au même titre que lui demander de lire son journal personnel.

Alors, sans rien lui dire, j'ai préparé la mise en scène pendant deux semaines environ. On nous avait offert un superbe sac à dos pour pique-nique entièrement équipé : une partie glacière, des compartiments pour ranger assiettes, couverts, bouteille etc…et même un superbe plaid bien épais roulé et maintenu par des courroies. J'ai, petit à petit, fait des courses en achetant des salades toutes préparées, une demi-bouteille de champagne, des serviettes en papier, en dissimulant mes achats au fond du frigo et des placards. J'ai nettoyé le thermos pour emporter du café, et j'ai attendu que la météo s'y prête.

Je n'avais pas envisagé que cette préparation m'exciterait tout autant. A partir du moment où j'avais pris cette décision de lui faire cette surprise, je me suis rendu compte que je ne pouvais regarder le ciel ni les prévisions météo sans un certain frisson. J'envisageais des scénarii et des sites différents : la plage ? Pas déplaisant, loin de là, mais déjà fait. La montagne ? Intéressant, mais il faut marcher et trouver un terrain bien plat et pas trop exposé au vent d'abord et à la vue de tous ensuite. La forêt donc ! Mais où en forêt ? Une clairière entourée de grands arbres ? Les abords d'un ruisseau glougloutant ? Un sous-bois à la semi-obscurité complice ? Mine de rien, ça m'a pris du temps de me décider, mais pendant tout ce temps, j'ai pris du plaisir à imaginer l'annonce, sa réaction, la situation et nos ébats…

Les beaux jours s'étant installés, j'ai avancé l'idée que nous pourrions reprendre un peu d'activité en plein air et qu'il nous serait bon d'aller marcher. Elle a acquiescé et nous avons décidé de faire une ballade le lendemain matin. Le soir même, alors qu'elle se démaquillait, j'ai rempli le sac de pique-nique avec les provisions, les briques réfrigérantes et l'ai déposé dans le coffre de la voiture.

Nous sommes partis de la maison vers 9 heures, le ciel était bien bleu et le soleil de printemps réchauffait la terre. Quand nous sommes garés à l'orée de la forêt les dernières gouttes de rosée s'évaporaient en une brume diaphane emportant dans l'air des fragrances moussues.

-   Tiens ? Tu as pris ce sac ? Elle s'étonne.
-   Oui, j'ai prévu un brunch, pour après…
-   Après quoi ?
-   Après t'avoir fait l'amour dans les bois.
-   …

Elle ne répond pas, mais je sais que l'idée va faire son chemin.

Dans l'allée forestière, les rayons du soleil jouant au travers les feuillages dessinent dans les halos de brume les barreaux d'une herse de château-fort. Au fur et à mesure que nous avançons, nous avons l'impression de pénétrer un royaume secret gardé uniquement par le chant des oiseaux qui nous accueillent et nous invitent à pousser plus avant.

Avant même de voir la clairière, nous la sentons tant les odeurs musquées de champignons et d'humus d'abord se colorent puis cèdent sous celles des fleurs et de l'herbe chauffées par le soleil.

En lisière de la clairière, je pose le sac à dos à l'ombre d'un buisson. Elle, elle est déjà au milieu de la clairière jouant du pied au travers des fleurs puis s'étirant les bras en croix face au soleil. Je sais qu'elle ne pense qu'aux dernières paroles que nous avons échangées. Que dans son esprit se mêlent l'envie et la crainte. L'envie d'être nue au soleil, d'offrir sa peau à ses rayons et de se donner à moi, mais aussi la crainte de s'exhiber à la vue de tout promeneur. Je marche à bonne distance, la laissant seule dans son combat. J'aurais pu me rapprocher d'elle, la prendre dans mes bras et l'embrasser, mais elle aurait lu dans mon attitude une invitation ou un encouragement. Or je veux qu'elle seule décide. Je veux que si ce fantasme est le sien, que ce soit elle qui le réalise et non moi. Il ne m'appartient pas de lui donner ce qu'elle refuserait de s'offrir. Ce serait lui voler sa victoire et le plaisir du combat intime auquel elle se livre depuis qu'elle connaît mon projet.

Du coin de l'œil, je la vois tourner sur elle-même scrutant les abords de la clairière j'imagine pour voir si quelqu'un approche, et puis, elle se déshabille en laissant tomber ses vêtements au sol au fur et à mesure qu'elle les ôte, sans les rassembler. C'est bien. Elle est libre, détendue, naturelle et nue. Je prends mon temps pour retourner au sac à pique-nique et prendre le plaid. Elle avance vers moi, totalement nue, souriante, parfaitement à l'aise, et vient se lover contre moi.

Elle m'a laissé tranquillement déplier et installer le plaid, puis elle m'a déshabillé et nous sommes restés un long moment nus et enlacés debout sur ce tapis fleuri et sous les rayons du soleil.
Nous avons fait l'amour si lentement qu'il nous a fallu régulièrement alterner les positions tant le soleil nous chauffait le dos. Elle était trempée avant même que je la touche et a joui fort et longtemps. Puis, nous avons bu la petite bouteille de champagne et grignoté un morceau toujours complètement nus.

Lorsque des promeneurs sont passés, assez loin de nous, ils n'ont pas pu voir que nous étions toujours nus car nous ramenions un vêtement sur notre nudité ; mais à chaque passage de l'un d'eux, ma compagne m'a lancé un regard brillant, provocateur et victorieux.

Table des matières

www.ingramcontent.com/pod-product-compliance
Lightning Source LLC
Chambersburg PA
CBHW031523270326
41930CB00006B/507